少子社会日本

——もうひとつの格差のゆくえ

山田昌弘
Masahiro Yamada

Eurus
Notus
Boreas
Zephyrus

岩波新書
1070

目　次

目　次

序章　少子社会日本の幕開け

加速する人口減少

二〇〇六年、年の瀬も押し迫った一二月二〇日、社会保障審議会人口部会が開かれた。そこで、日本の将来推計人口が、国立社会保障・人口問題研究所から発表された。

合計特殊出生率(女性一人あたり一生涯に産む子ども数)が現在と同じ水準で推移すると仮定した中位推計によると、二〇〇五年に一億二七七七万人だった日本の総人口は、二〇二五年には一億二〇〇〇万人を下回り、二〇四五年に一億人を割り込む。そして、二〇五五年には、八九九三万人になると推計されている(図序-1)。出生率が回復することを見込んだ高位推計でも、九七七七万人、出生率が現在の東京都並みまで低下すると見込んだ低位推計では、八四一一万人と二〇〇五年の三分の二の水準にまで減少すると予測されている。

総人口の減少以上に、ショックなのは、子ども数の急速な減少である(表序-1)。中位推計で見ると、合計特殊出生率が一・二六とほぼ横ばいで推移しても、現実に生まれる子ども数は、

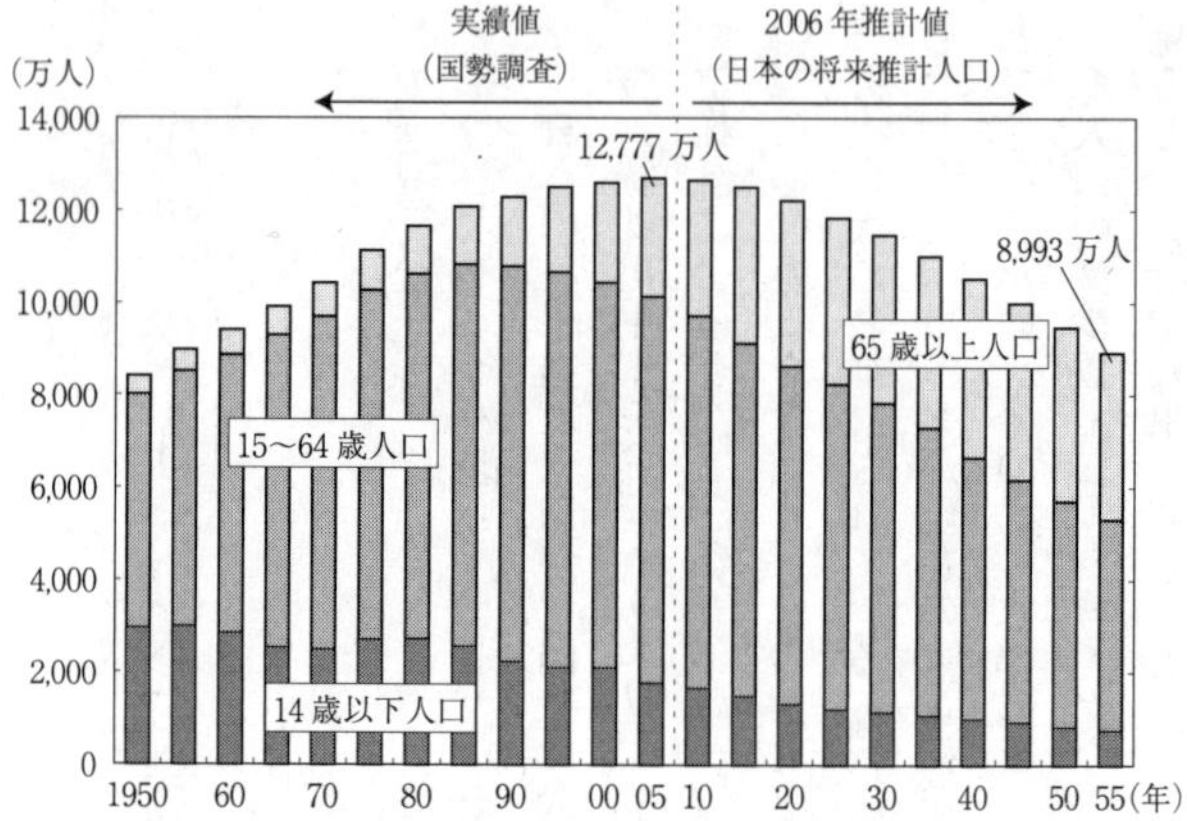

出典：『日本の将来推計人口』(2006 年 12 月)，国立社会保障・人口問題研究所

図序-1　総人口の推移(中位推計)

人口規模が大きい「団塊ジュニア」世代（一九七一～七四年生まれ）の女性が出産年齢を過ぎる二〇一〇年頃から急減し、二〇二五年には七三万一〇〇〇人、二〇五五年には、わずか四五万七〇〇〇人と現在の四割程度の水準になると予測されている（二〇〇六年は、約一一二万人。速報値）。

二〇〇五年には、二五七六万人だった高齢者人口（六五歳以上）は、今後も伸び続け、二〇四二年には、三八六七万人とピークをつけ、二〇五五年には、三六四六万人（高齢化率四〇・五％）になる。その時、一五歳以下の年少人口は、七五五五万人。つまり、右を向いても左を向いても高齢者だらけの国になるのだ。

五年ごとに見直される人口推計だが、前回の推計に比べても、人口減少のスピードが加速していることが分かる。

世界の中で、ここまで少子化が深刻化した国は少ない。韓国、台湾、シンガポールなど東アジアの先進国で少子化が急速に進展しているが、日本は、その先陣を切って、人口減少が進んでいる。

表序-1　出生数・死亡数の推移(中位推計)

年次	実　数(1,000 人)			率(人口 1,000 対)		
	出　生	死　亡	自然増加	出　生	死　亡	自然増加
2006	1,090	1,103	−13	8.5	8.6	−0.1
2010	935	1,192	−257	7.3	9.4	−2.0
2015	836	1,314	−478	6.7	10.5	−3.8
2020	773	1,129	−656	6.3	11.6	−5.3
2025	731	1,526	−795	6.1	12.8	−6.7
2030	695	1,597	−902	6.0	13.9	−7.8
2035	645	1,646	−1,001	5.8	14.9	−9.0
2040	582	1,663	−1,081	5.5	15.7	−10.2
2045	526	1,641	−1,115	5.2	16.3	−11.1
2050	485	1,593	−1,108	5.1	16.7	−11.6
2055	457	1,556	−1,100	5.1	17.3	−12.2

注：日本における外国人を含む
出典：同前

一五年前の白書

少子という言葉が出てくるのは、一九九二年の『平成四年版国民生活白書』(経済企画庁編)であり、「少子社会の到来、その影響と対応」というタイトルがつけられている。以降、高齢化と対になる形で、「子ども数や出生率の継続的な減少傾向」という意味で、少子化という言葉が使われるようになった。なお、本書でも、少子化を「生まれてくる子ども数が継続的に減少する事態」という意味で使うことにする。

一五年経った現在の時点でこの白書を読み返

してみると、現在言われている少子化の問題点の多くがすでに記述されていることに驚きを禁じ得ない。当時はバブル経済の末期であり、日本社会の将来見通しに関しては、まだ楽観的なものが多かった。その中で、このまま少子化が進行すれば、経済成長の鈍化から現役世代の負担の増大まで、様々な社会問題が将来起こるであろうことを、きちんと指摘しているのだ。

その上、女性労働力の活用や子どもをもつ女性が働きやすい環境を整えるなど、現在言われている少子化対策の多くがそこに記されている。

「たら、れば」の話は禁物である。しかし、もし、この白書が真剣に受け取られ、大胆な政策転換が行われていたら、ここまで少子化が深刻化することはなかったろう。なぜなら、一九九二年という年は、人口規模が大きい団塊ジュニア世代は成人し始めたばかりで、まだ出産適齢期に入っていない。合計特殊出生率も一・五三(一九九一年)と、ドイツ、イタリアより高く、英仏などヨーロッパ諸国と比べ遜色《そんしょく》ない水準であったからだ。団塊ジュニア世代が直前の世代と同程度の割合で結婚し、出産すれば、少子化が大きな社会問題になることはなかったろう。逆に言えば、まだ出生率がヨーロッパと同水準で、団塊ジュニア世代が控えていたから、政府は楽観視したとも言えるのだが。

当時の人口学者も、日本の少子化は見かけのもので、いずれ出生率は回復するという見方をするものが多かった。それは、結婚年齢が二、三歳高くなっても、いずれほとんどの女性は結婚して子どもを二人はもつはずという仮定に基づいていた。私は、一九九七年より厚生省人口問題審議会の専門委員を務めていた。「晩婚化が起きると、見かけ上、合計特殊出生率は一時的に低下する。だけれども、将来は必ず回復する」という説明を何度も受けたことを覚えている。

一九九八年の『平成一〇年厚生白書』(小泉前首相が厚生大臣であったときの白書である)のテーマは「少子社会を考える」である。副題が「子どもを産み育てることに「夢」をもてる社会を」となっている。この時点では、一九九六年の合計特殊出生率が一・四三まで低下し、政府も多少の危機感をもっていたことは確かである。しかし、そこでは、保育所の整備など、女性が子どもをもって働きやすい環境を整えさえすれば、みんな結婚して子どもを産み始めるという前提に立っていた。しかし、今から考えれば、まさに白書が出された時、若者をめぐる雇用状況は、足下から崩れ始めていたのだ。

少子化対策の失われた一〇年

現実には、事態はむしろ悪化していったのである。バブル経済ははじけ、平成不況に加えて、経済のグローバル化、IT化が進展した。一九九〇年代後半には、雇用の規制緩和が進み、金融危機が起こり、そのしわよせが、団塊ジュニア以下の若年層、つまり、結婚、出産年齢層に押しつけられた。経済の構造変動そのものは、政府の直接的責任ではないにしろ、大量のフリーターや派遣社員など非正規雇用が増え、正社員も収入が上がらず、結果的に若者の経済状況が悪化するのを放置した。

子どもをもつ女性が働きやすい環境が整う前に、若者がまともな収入を稼いで生活できる仕事自体が失われてしまったのだ。

そのつけが、予測以上に進行し続ける少子化、そして、人口減少として回ってきているのが現在の姿である。ドイツやイタリアよりましだった出生率は、少子化対策が後手後手に回る中でいつのまにか逆転され、急速に少子化が進む韓国を除けば、先進国中世界最低となった。

潮目が変わったのは、皮肉にも、省庁統合によって人口問題審議会が廃止された二〇〇一年頃からである。結婚年齢は高くなってもいずれ結婚し、子どもを二人以上産むはずと期待されていた団塊ジュニア世代の未婚率が高まった。結婚を先延ばしにしているというよりも、結婚したくてもできない、そして、一生結婚しない人が増えているという現実が明らかになった。そして、夫婦一組あたりの子ども数の低下が始まっていることが同時に示された。「将来出生率が回復する」という仮定が成り立たないことが、誰の目にも明らかになったのである。そして、団塊ジュニア世代が順調に結婚、出産すれば、人口減少も二〇一〇年以降という見通しが、完全に外れてしまったのだ。

まさに、日本の一九九〇年代は、少子化対策の失われた一〇年といってよい。経済に関しては、失われた一〇年といっても、回復は可能である。しかし、人口は違う。人間は生き物である。団塊ジュニア世代を、若返らせることはできないのだ。もう日本は、少子化、そして、人口減少につき合って進むしか道はなくなっている。

少子化の原因を求めて

日本で少子化が進行する要因については、学術論文からテレビのワイドショーに至るまで数えきれないほど挙げられている。

とかく、家族、結婚や子育てがかかわる領域は、身近なせいか、研究者としてのトレーニングを受けていない「しろうと」でも発言できるし、時には、それが当たっていることもある。しかし、多くは、自分が見聞きする範囲で得た知見の一般化である。「仕事をしたいから結婚したくない」と言う女性がそばにいれば、それが原因だと思いたくなるし、「子どもなんか嫌い」という発言を聞けば、子育ては楽しいというキャンペーンをすることで出生率は上がると勘違いする人も出てくる。中には、環境ホルモンの影響で子どもができにくくなったとか、DV法(配偶者暴力防止法)ができたため男性が結婚を怖がるようになったということを真顔で主張する人もいるから困りものである。

一方で、経済学的分析、社会学的調査が山のように行われ、出生率に与える統計的に有意な差異を見いだそうとする学術研究も盛んだ。確かに、そこでは、「△△があると、出生率が○・○××ポイント上がる」などの分析結果が示される。その研究結果自体は正しいが、えてして、木を見て森を見ずになりがちである。

少子化は、様々な要因がからまって起こるものである。それを、単一の要因に帰することはできない。結婚しない原因、子どもをもたない原因は、個々人の事情によって異なっている。仕事をしたいからという人もいるだろうし、子どもが嫌いという人もいるだろう。ただ、そういう人がいるからといって、それが日本社会で進行している少子化の主因になるわけではない。

また、統計や調査分析でいくら細かい分析をしても、すべての変数を長期間にわたってフォローできるわけではない。変数間の関係も複雑で、ある条件の時に作用するがある条件の下では作用しないといった関係を大量に処理するのは、難しい。つまり、統計調査の分析を積み上げて少子化の原因を導くのは、今の段階では、無理なのだ。

本書で私は、あえて、日本の少子化の要因に関する、決定的だと考える仮説を提示したい。

少子化は、一九七五年以降、継続して進行している。それは、戦後日本社会の構造変動の過程で、生じているものである。まずは、この事実から出発しなければならない。一九七五年以降継続的に進行したものといえば、多くの人は、「女性の社会進出(仕事に就く女性の増加)」と答えるだろう。そして、多くの論者は、女性の社会進出が少子化の原因、もしくは、女性が社会進出しているのに、仕事と育児の両立の条件が整っていないことが少子化の原因であると主張している。

そこに、私は、異を唱えている。確かに、女性の社会進出、および、両立条件が整っていないことは、少子化の一つの要因である。しかし、私は、「主因」とは考えていない。むしろ、女性の社会進出は、少子化の「結果」として生じた部分があると考えている。正確に言えば、少子化の原因となった構造変動が作り出したものと考えている。

よく、二〇代後半や三〇代前半の女性の就労率が上がっていることが、少子化の原因として語られるが、これは、全くの誤りである。ロジックが逆なのだ。就労率が上がっていることは、少子化、正確に言えば、未婚化の結果なのである。結婚したら働くのをやめようと思っている人が、結婚していないから働き続ける。だから、就労率は上がる。多くの女性は、働き続けたいから結婚しないわけではない。本文でも述べるが、ここ一〇年の間に、未婚女性の非正規雇用率は上昇している。フリーターや派遣労働の女性の多くが、仕事を続けたいから結婚したくないと思っているのだろうか。生活の必要や小遣い稼ぎのために、アルバイトなどで働いているのである。結婚相手がみつからないまま年をとれば、二〇代後半、三〇代前半の女性の就労率が上がるというからくりである。

もちろん、女性の社会進出も、一九七五年以降の日本社会の構造変動の中で生じた一つの現象である。私は、日本においては、社会経済が構造変動している中で、女性の社会進出が不十分であるため、少子化が欧米のように止められずに、深刻化したと評価している。この点は本文で論じたい。

私は本書の中で、日本社会の少子化の主因を、①「若年男性の収入の不安定化」と②「パラサイト・シングル現象」の合わせ技（専門用語だと交互作用ということになる）だと結論づける。パラサイト・シングルとは、のちに詳述するが、「学卒後も親に基本的生活を依存する独身者」のことである。そして、現在、韓国、台湾など東アジア諸国で急速に進む少子化もこの主因で説明できると考えている。

もちろん、いくつかの条件が付く。その中には、「男女共同参画がなかなか進まない（女性の社会進出が不十分）」というものも含まれる。また、副次的な要因として「男女交際が自由化された」ことがある。

しかし、あくまで、主因は、①と②、それも、二つが揃《そろ》ってはじめて起こるものである。なぜなら、それぞれ単独で作用しても、少子化は起こらないと考えられるからである。

A　若年男性の収入が不安定化しても、パラサイト・シングル現象がなければ、少子化は起こらない。

B　パラサイト・シングル現象はあっても、若年男性の経済見通しがよければ、少子化は起こらない。

そして、副次的要因とした「男女交際の自由化」も、それが、少子化と結びつくためには、①と②の要因で作られた状況が必要なのである。この点は、7章で論じる。

収入の不安定化だけが原因ではない

若年男性の雇用の不安定化、そして、収入の格差拡大は、一九八〇年代以降、あらゆる先進国で生じている（女性の職場進出によって、女性の収入にも格差拡大が起きることも同じである）。アメリカやイギリスでは、日本以上に収入の格差拡大が進んでいる。フランスやドイツなどヨーロッパでは、日本以上に若年者の失業率は高く、就職できている若者とそうでない若者間で格差拡大が起きている。福祉国家で知られる北欧諸国でも、所得格差の拡大が起きている。

二一世紀に入り、日本は格差社会になったと言われるようになったが、欧米では、とっくにその状況が起きている。アメリカの状況を見ると、日本では考えにくい現実がある。それは、一人暮らしができないから、結婚を急ぐという実態なのだ。ジャーナリストであるエーレンライク氏が著した『ニッケル・アンド・ダイムド』は、アメリカのワーキング・プアの実態を描いたすぐれたルポルタージュである。そこで、何度も語られるのは、「ワーキング・プアは、一人では暮らせない」という事実である。アメリカでは、日本以上に所得の格差が大きく、低収入の人が溢《あふ》れている。そして、家賃など生活費は高い。エーレンライク氏は、特段の技能がない白人中年女性が、単身で暮らすのがいかに困難であるかを身をもって体験する。一人で暮らすよりも、二人一緒に生活して、二人の収入を合わせた方が、生活は楽になる。そこで、未婚者はもちろん、離婚した人も再婚を急ぐ。アメリカで「独身」でいることは、高収入者の「贅沢《ぜいたく》」なのだ。その結果、結婚が増え、子どもが生まれる。雇用が不安定なのにもかかわらず、アメリカの出生率が高いのには、このような事情がある。

北西ヨーロッパ(北欧、フランス、ベネルクス諸国、ドイツ)でも、似たような事情がある。こちらは、収入が少ない若者が同棲を始めて子どもが生まれても、福祉制度が整っているおかげで、生活できる。少なくとも、低収入者や失業者が一人で生活するよりも、ましな生活ができる。

アングロサクソン諸国(英米豪カナダなど)や北西ヨーロッパでは、子どもが成人したら親から離れて生活することが一般的である。近年、親との同居期間が若干延びているとの調査もあるが、二五歳を過ぎて、特段の事情がなく、親と同居していれば変な風に見られる。つまり、独立して生活することを文化的に強いられるのだ。だから、若年者の雇用の悪化は、結婚を促進する要因となっても、結婚を妨げる要因にはなかなかならない。

しかし、日本では、親と同居の未婚者が多く、一人暮らしが少ない。そして、フリーターなど低収入の若者は、一人暮らしすれば貧困に陥るので、親と同居している場合が多い。欧米とは違って、親は、未婚の子どもが独立して生活することを当然とみなさないし、それを望まない親も多い（拙書『パラサイト・シングルの時代』参照）。それゆえ、若者収入の不安定化は、未婚化に直結する。そして、この事情は、産業化した東アジア諸国、そして、スペインやイタリアなど南欧諸国でも共通するものである。

また、日本では、性別役割分業意識が根強いので、女性は、安定した収入を稼ぐ男性と結婚できるまで、親と同居して待つことが許される。いや、許されるだけでなく、親は安定した収入を稼ぐ男性と出会って結婚するまで、娘が同居し続けることを望む傾向が強い。日本社会で、性別役割分業意識が残ってしまうのも、パラサイト・シングル現象の結果とも言えるのである。

さらに、パラサイト・シングル現象は、「自分の子どもを自分以上の経済条件で育てなければならない」という意識を強める。そのため、結婚後の子ども数を減少させる要因としても作用する。

もちろん、パラサイト・シングル現象だけでは、少子化が起きるわけではない。戦前から、日本では、結婚前は親と同居しているのが一般的だった。しかし、多くの若者男性の収入が安定し、増大している時代には、パラサイト・シングル傾向があっても、結婚に踏み切る若者が多かった。子どもを産んで、自分にかけられた以上の経済的条件を準備する余裕があったのだ。

日本の少子化の現状はどうなっているのだろうか。その結果、どのようなことが起こるのだろうか。そして、どのようなロジックで、どのようなプロセスをたどって、日本が少子社会に突入したのだろうか、以下の章で検討していきたい。

第1章　日本の少子化は、いま

1　少子化の深刻化・四点セット

「二〇〇五年」は日本の人口減少が開始された年として、将来の歴史家によって記録されるかもしれない。

その結果が発表された二〇〇六年は、人口減少だけでなく、様々な統計・調査データが公表され、いろいろな意味で、少子化が深刻になっている日本社会の現状が明らかになった。私は、これらのデータをまとめて少子化の深刻化・四点セットと呼んでいる（表1-1）。それぞれ具体的に見ていこう。

①日本の総人口減少

二〇〇五年、日本の総人口が、統計を取り始めて以来、初めて減少を記録した。

二〇〇五年に日本で生まれた子どもは、一〇六万二五三〇人と、前年に比べ四万八〇〇〇人

表 1-1　少子化の深刻化を示す 4 つの指標(いずれも 2005 年)

①人口動態統計 1	日本の総人口減少開始
②人口動態統計 2	合計特殊出生率 1.26(先進国中韓国に次いで低い)
③国勢調査集計	未婚率　30 代前半女性 32.0%，男性 47.1%
④出生動向基本調査	完結出生児数(夫婦の子ども数)低下 2.23→2.09

余り減り、死亡は、高齢化の影響を受け、一〇八万三七九六人と、前年比五万五〇〇〇人余りの増加となった。差し引き二万一二六六人の減少である。二〇〇五年一月一日から二〇〇六年一月一日までの間に、日本人口のピークがあったと推定される(総務省統計局によると、二〇〇五年一〇月一日の人口は、約一億二七七六万八〇〇〇人で、二〇〇四年一〇月一日に比べ二二万人の減少。ちなみに、二〇〇六年一〇月一日の人口は、一億二七五〇万人と推計されている。また、速報値によると、二〇〇六年は出生数が約一一二万人まで回復し人口増になったが、減少傾向が変化するわけではない)。

この総人口の減少自体は、少子高齢化が進むことによって、将来起こることが予測されていたものである。二〇〇二年の厚生労働省発表の人口推計では二〇〇六年に人口減少が起きると予測されていたから、予測よりも一年早くなっている(一九九七年推計だと、ピークが二〇〇七年に設定されていた)。

それ以上に、ここ三〇年にわたって出生数の減少が継続していることに注意しなくてはならない。図1-1に示した通り、第一次ベビーブーム最中の一九四九年には二六九万六六三八人が生まれていた。いわゆる「丙午《ひのえうま》」の産み控えの一三六万一〇〇〇人という例外値はあったが(この年に生まれた女

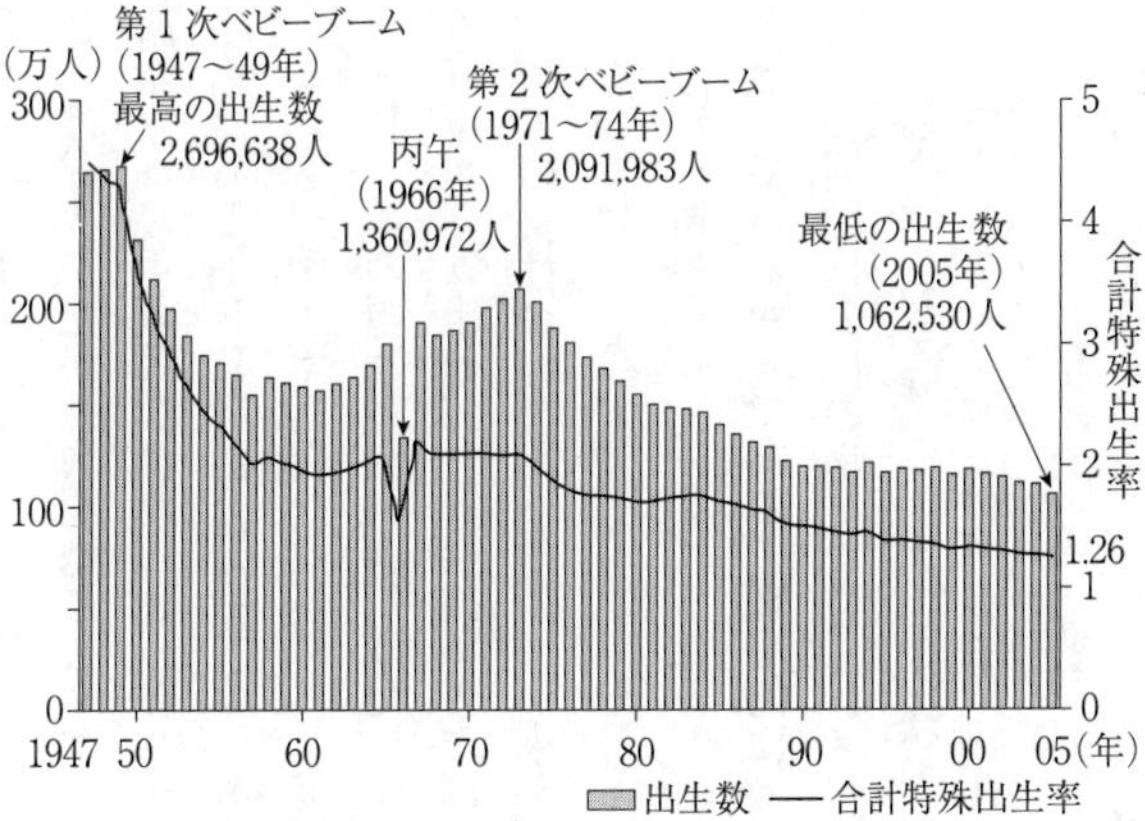

出典：『日本の将来推計人口』(2006 年 12 月)，国立社会保障・人口問題研究所

図 1-1　出生数と合計特殊出生率の推移

性は男性を食い殺すほど強いという迷信に基づく出生の一時的減少）、一九七三年には、二〇九万二〇〇〇人と、第二次ベビーブームのピークを迎えた。そして、一九七四年以降右肩下がりに下がり続け、一九九三年には、一二〇万人を切り、第二次ベビーブーム世代が出産適齢期を迎えても増えることなく、ほぼ横ばいとなり、二〇〇五年には、一気に一一〇万人を割り込むこととなった。ほぼ、三〇年余りで、出生数は半減したことになる。

②合計特殊出生率の最低値更新

二つ目は、二〇〇五年の合計特殊出生率が、一・二六（確定値。速報では、一・二五と報じられた）と最低を更新したことである。

合計特殊出生率とは、女性一人あたりが一

生涯に産む平均子ども数、つまりは、一人の女性が平均何人子どもをもつかという数字である。これは、少子化が社会問題になって以来、多くの人が理解する数字になった。人口学の特殊用語が、一般用語となったこと自体、少子化に対する人々の関心の高まりを意味する。最近は、略称であるTFR(total fertility rate)もよく使われるようになった。

これも、図1-1で見ての通り、戦後数年間、ベビーブーム時代までは、四・〇を超えていた。つまり、この頃は、四人きょうだいが平均だったのである。一九五〇年から急減したが、一九五五年から安定し、一九七四年までは、丙午年(一九六六年)を除いて、二人を上回っていた。

一人の女性が約二・〇七人位子どもを産めば、計算上、日本の人口は長期的に増えも減りもしない(これを人口置換水準という)。〇・〇七人のおまけは、人間は生物学的に女性より男性の方が五%程度多く生まれることと、女性が子どもを産める年齢になるまでに亡くなる確率を考慮しているからである。理論的には、女性が一定年齢に育つ女性を一生の間に平均一人産めば、長期的に人口の増減なしということになる(国民社会を単位とし、移民等の影響は考慮しない場合)。つまり、二を下回る状態が長く続けば、長期的に人口は減少局面に入ることとなり、実際に、二〇〇五年から減少が始まったということである。

一・二六人という数字は、世界的に見ても低い。韓国(一・一六)、台湾(一・一八)、シンガポール(一・二四。いずれも二〇〇四年)などの東アジア諸国を除けば、少子化が進んでいるといわれる先進国で最低のレベルにある。ちなみに、二〇〇三年のデータで比較すれば(表1-2)、アメリカは二・〇四、フランス一・八九、イギリス一・七一、ドイツ一・三四、イタリア一・二九となっている。日本は、現在のところ、史上最低の出生率を誇る国の一つということになる。

③未婚率の増大

三つ目は、二〇〇五年の国勢調査で明らかになったことだが、未婚率、つまり、一度も結婚

表1-2 先進各国の合計特殊出生率

国	1970年	1990年	2003年
デンマーク	1.95	1.67	1.76
フィンランド	1.82	1.78	1.76
アイスランド	2.81	2.30	1.99
アイルランド	3.93	2.11	1.98
ノルウェー	2.50	1.93	1.80
スウェーデン	1.92	2.13	1.71
イギリス	2.43	1.83	1.71
ギリシア	2.39	1.39	1.27
イタリア	2.42	1.33	1.29
ポルトガル	2.83	1.57	1.44
スペイン	2.90	1.36	1.29
オーストリア	2.29	1.45	1.39
ベルギー	2.25	1.62	1.61
フランス	2.47	1.78	1.89
ドイツ	2.03	1.45	1.34
ルクセンブルク	1.98	1.61	1.63
オランダ	2.57	1.62	1.75
スイス	2.10	1.59	1.41
カナダ	2.26	1.83	
アメリカ	2.48	2.08	2.04
オーストラリア	2.86	1.91	1.75
日本	2.13	1.54	1.29

出典:『平成17年版 少子化社会白書』内閣府

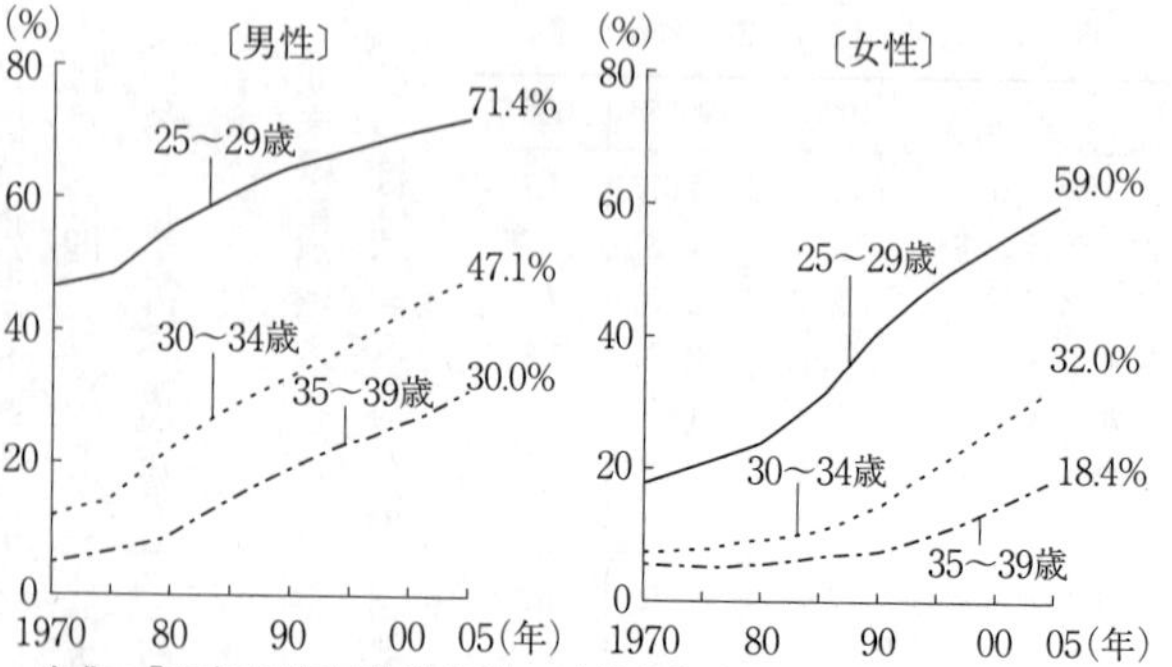

出典：『平成 17 年国勢調査(第 1 次基本集計結果)』

図 1-2　未婚率の変化

していない人の割合が急上昇していることである（図1-2）。ちなみに、三〇〜三四歳までの人のうち、未婚者は、男性四七・一%、女性三二・〇%に達している（確定値。これも速報値では、男性四七・八%、女性三二・六%と報じられた）。三〇代前半の男性はほぼ二人に一人、女性は三人に一人が結婚経験がないということになる。三〇年前の一九七五年には、男性一四・三%、女性七・七%であることを考えると、未婚者の伸びが著しいことが分かる。男性は一九八〇年から、女性は一九九〇年から、ほぼ、年一ポイント（全体の一%）の割合で未婚者が増えている。この数字を直接延長すれば、二〇二五年には、男性六七%、女性五二%が未婚者ということになる（現実には、頭打ちになるだろうが）。

三五〜三九歳で見てみると、男性三〇・〇%、女性一八・四%と、こちらも二〇〇〇年に比べて約五ポイント伸びている。

この数値は、多くの人口学者の予想を上回ったことを付け加えなければならない。世界、特に、先進国と比較すると、ヨーロッパ諸国は、同棲が多いので未婚率は高く出る。その代わり、カップルが一緒に住んでいる率は高くなる。日本は、同棲も極めて少なく、未婚者(一八〜三五歳)の二%程度である(二〇〇五年)。同棲経験率も未婚者の一〇%以下である。現在、東アジア各国の未婚率の上昇が著しく、特に、台湾では、三〇代前半の未婚率が男性四一・二%、女性二六・九%に達しているが(二〇〇四年。表1-3)、その中でも、日本の未婚率の高さは突出している。

表1-3　台湾の未婚率

	男性		女性	
	1970	2004	1970	2004
20-24歳	87.7	96.6	50.3	89.5
25-29	35.0	76.8	8.7	59.1
30-34	10.9	41.2	2.2	26.9
35-39	8.6	21.0	1.2	14.8

出典：若林敬子「近年にみる東アジアの少子高齢化」『アジア研究』第52巻第2号, 2006年4月

④夫婦出生率の低下

四つ目は、二〇〇五年に行われた出生動向調査(国立社会保障・人口問題研究所実施)のものである。ここで、完結出生児数というデータがとられている。これは、結婚持続期間一五〜一九年の女性が、何人子どもを産んだかというデータである。これは、だいたい、二〇〇五年に四〇〜四五歳位の結婚している女性がそれまでに産んだ子ども数といっても大きな差がなく、夫婦が一生のうちに産む子ども数と同じとほぼ考えてよい(こ

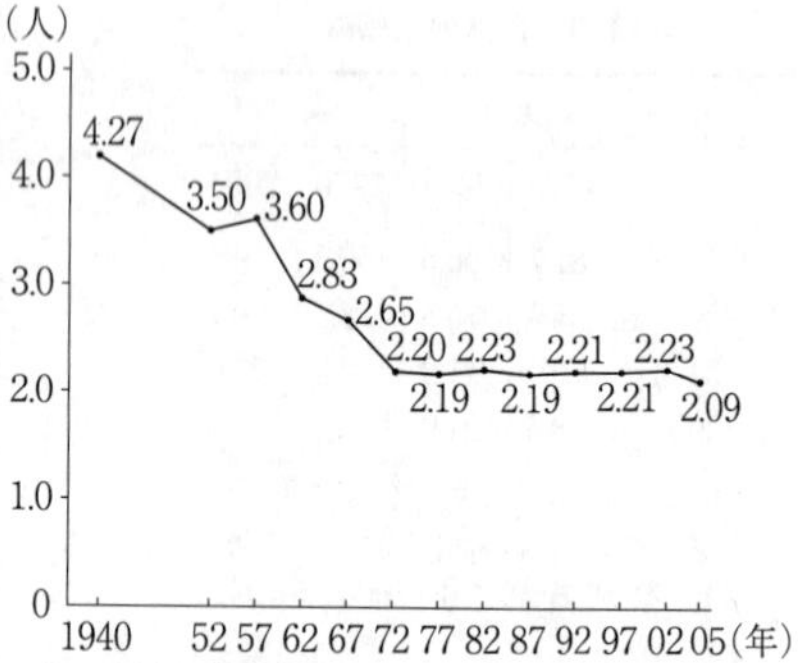

注：対象は結婚持続期間 15〜19 年の初婚どうしの夫婦(出生子ども数不詳を除く)

出典：『結婚と出産に関する全国調査(夫婦調査の結果概要)』国立社会保障・人口問題研究所，2005 年より作成

図 1–3　夫婦の完結出生児数の推移

れは、離死別者の実績が入っていないという欠点をもつ)。

図1-3にあるように、この数字も二〇〇二年までは、三〇年間、二・二前後で安定していた。あとでも述べるが、一九九〇年頃までの日本の少子化は、結婚する人が少なくなったことが直接の原因で、結婚した人は平均二・二人産んでいたのである。

二〇〇五年の調査では、二・〇九と低下を開始した。これは、一九九〇年後半から人口学者が指摘していたように、一九九〇年代に入って、夫婦出生力(一組あたりが産む子ども数)が低下、つまり、結婚しても子どもをいままでのようにもたなくなっていることが数字となって実証されたということである。その結果、二〇〇五年に完結出生児数が低下し、今後低下が続くことが確実視されている。

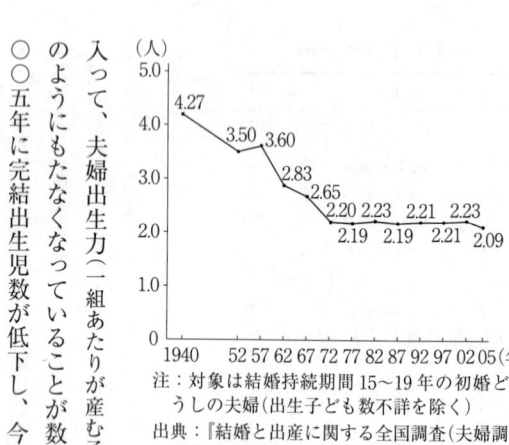

2　家族格差と地域格差を伴った少子化

地域と家族という視点

以上、日本社会全体で見た少子化の実態を見てきた。この少子化状況を、個々の地域や家族の視点から見ると、別の状況が浮かび上がってくる。それは、今起こっている少子化が、地域格差と家族格差を伴った少子化だからだ。

戦後、もっと広くとれば、明治以来、日本では少子化が二度起きている。一回目は、一九五〇年から五五年にかけての少子化であり、二回目が、一九七五年から現在まで長期的に続く少子化である。二回とも合計特殊出生率はほぼ半減している。

この両者を地域や家族の視点から比較すると、非常に異なった様相が浮かび上がる。一回目は、地域や家族の差がほとんどない形での少子化であった。日本全国、そして、全家族、ほぼ一様に、少子化が起こったのである。一方で、現在まで続く二度目の少子化は、地域、そして、家族による格差を伴って進行している。そして、それぞれ、結果として生み出されたものは、たいへん異なっている。一回目の少子化と比較しながら、現在起きている少子化の特徴を考察していこう。

一九五〇〜五五年の少子化――家族の画一化へ

日本では、戦後の第一次ベビーブームの後、一九五〇〜五五年に子ども数が急減した。一九四七年に二六七万九〇〇〇人あった出生が、一九五五年には一七三万一〇〇〇人と、七年で約一〇〇万人減少した。合計特殊出生率も、四・四〇から二・三七までほぼ半減した。

当時の子ども数の減少は、どの地域、どの家族にも、比較的、平均的に起こったものである。つまり、全国各地で同じように子ども数が減ったのだ。それは、この時期の少子化(正確には少産化といった方がよいだろう)が、四人産むスタイルから二人産むスタイルが標準となったことによってもたらされた。地域的には、全国で人口増加のスピードが落ち、家族的には、ほとんどの若者が結婚する中で、子どもを二人産むという家族が多数派になったことを意味する。戦前の家族形態は、戦後に比べれば多様であり、五、六人産む家族もあれば、無子家族も多かった。更に、非嫡出子率《ひちゃくしゅっし》(未婚の母から生まれる子の割合)も高かった。つまり、戦後になって「家族の画一化」が起こり、平均的に見れば、少産化したのだ(これを社会学者の落合恵美子氏は、ほぼ全員が結婚でき、子どもを二〜三人もてる社会が実現したという意味で、再生産平等主義と名付けた)。

一九七五年以降の少子化——家族格差と地域格差の拡大

しかし、一九七五年頃から始まり、現在まで続く少子化は、地域や家族の格差を伴いながら進行している。

まず、地域から見てみよう。出生数の減少には、地域ごとにそのスピードにずいぶん違いがある。一九九五年と二〇〇五年の出生数を比べてみると、全国では、一一八万七〇〇〇人から、一〇六万二〇〇〇人へとほぼ一〇％減少した。しかし、都道府県別に見てみると(表1-4)、東京都では、九万六八二三人から九万六五四二人とほぼ横ばい、一方、青森県では一万三九七二人から一万五二四人へとなんと、二五％も減少している(7章で述べるが、いわゆる「できちゃった婚」で生まれる子どもの割合も出生数減少県が圧倒的に高い。これらの県では、「できちゃった婚」以外で生まれる子どもの数は、激減していることになる)。

出生から死亡を差し引いた人口の自然増加数を見ても、人口減少が始まった二〇〇五年でも、東京や神奈川、千葉、埼玉、愛知、大阪、福岡など大都市圏を抱える都府県ではプラスを保っている(二〇〇四年との比較)。北海道、東北、四国、九州(福岡、沖縄を除く)地方の過疎地を抱える県では大幅なマイナスとなっている。

これは、合計特殊出生率のデータと矛盾すると思われるかも知れない。合計特殊出生率では、大都市圏は平均より低く、東京は最低で、二〇〇五年で一・〇を切っている。それでも子ども

表1-4　都道府県別出生数の減少率

上位10件（減少率が高い順）

都道府県名	1995年（人）	2005年（人）	減少数（人）	減少率（%）
青　森	13,972	10,524	3,448	24.7
秋　田	9,995	7,697	2,298	23.0
徳　島	7,472	5,913	1,559	20.9
和歌山	9,879	7,835	2,044	20.7
山　梨	8,833	7,149	1,684	19.0
岩　手	13,021	10,545	2,476	19.0
山　形	11,507	9,357	2,150	18.7
新　潟	22,694	18,505	4,189	18.5
長　崎	14,780	12,148	2,632	17.8
福　島	21,306	17,538	3,768	17.7

下位10件（減少率が低い順）

都道府県名	1995年（人）	2005年（人）	減少数（人）	減少率（%）
東　京	96,823	96,542	281	0.2
滋　賀	13,320	12,899	421	3.2
沖　縄	16,751	16,115	636	3.8
神奈川	80,692	76,196	4,496	5.6
香　川	9,301	8,686	615	6.6
愛　知	71,899	67,110	4,789	6.7
栃　木	18,662	17,363	1,299	7.0
千　葉	54,388	50,588	3,800	7.0
京　都	23,219	21,560	1,659	7.1
福　岡	46,849	43,421	3,428	7.3

出典：『人口動態統計』より作成

数が減らないのは、地方から東京など大都市部に若者が流入しているからである。若い女性が地方から都市部に来れば、合計特殊出生率の分母が増える。女性一人あたりの子ども数は少なくなっても、出産の絶対数は多くなる。一方、若者が流出すれば分母は減る。すると、合計特殊出生率は高くなる。たとえ、子どもの産み育てやすさが同じであると仮定しても、地方では出生数減と高い合計特殊出生率、都市部では出生数増と低い合計特殊出生率という数字が出てくるのだ。

つまり、大都市部の人口は、自然増も社会増もある一方、過疎地区を多く含む道県では、自然減、社会減が起きている。つまり、日本の人口減少は、人口が横ばいとなる都府県と、人口が大きく減少する道県との格差が拡大しながら進行する。

これは、都道府県の問題だけではない。多くの都道府県で、県庁所在地では人口は増えており、町村部(平成の大合併によって市域に編入された所も多いが)では、人口が減っている。兵庫県では、神戸市や宝塚市など南部では人口増、日本海側や島では人口減である(市町村レベルで見た人口増加上位一〇位、下位一〇位の双方に兵庫県の自治体が複数入っている)。人口を維持できる都市部と、若者、そして子どもが減り、過疎化、高齢化が進む周辺部との二極化が生じているのだ。

確かに、今後は、日本政策投資銀行の藻谷浩介氏が強調するように、大都市部の高齢化のスピードは著しい。しかし、同じ高齢者でも、大都市部では、価値が高い不動産資産をもつ人や、高額の厚生年金を受けとる「リッチ」な高齢層が多い(もちろん、貧しい高齢者も存在する)。その消費を満たすために、サービス業を中心に人は集まりやすいだろう。一方、売れない不動産や低額の年金しかもたない高齢者が多く住む過疎地域には、その消費が一人あたりでも、絶対額でも少ないがゆえに、サービス業は衰退する。今後、地域社会を考える場合、高齢者の人数だけでなく、その経済力格差も考慮しなくてはならない。

家族格差の発生

続いて、家族格差の問題に移る。

一九四五年生まれまで、つまり、だいたい現在六〇歳以上で、子どもをもたない人の割合は、女性で八％、男性で一〇％程度だった。しかし、二〇〇六年の人口推計では、一九八五年生まれの人、二〇〇七年に二二歳の女性では、一生結婚しない人は二三・五％、子どもを産まない人は三七％になると予測されている（中位推計。表1-4、1-5）。男性は、それ以上に高く、一生結婚しない男性は三割程度、子どもをもたない男性は四五％程度になると見てよい。

このままいくと、二〇三〇年に四〇歳の日本人女性で、結婚して子どもをもっている人は、六割強にすぎず、四割近くは子どもがいない（四人に一人は結婚していない）という予測がたてられる。男性の結婚率は女性に比べてかなり低いので、子どもをもっていない男性は四割以上となる計算である。

配偶者や子どもをもって一生を送る人の割合は減少し、子どもがいない夫婦、そして、一生独身で暮らす人が大幅に増える社会となる。更に、離婚も二〇〇六年には二六万件（結婚の三分の一以上）に達しており、離別後に再婚しない人も増大する。

以上見てきたように、一九七五年から始まる日本の少子化は、単に各夫婦の子ども数が一様に減っているわけではない。若者の中で結婚する人としない人に分かれ、更に、結婚して子どもをもつ人ともたない人に分かれている結果生じている現象なのである。これが、一九五〇〜

表1-4　女性の未婚率の変化(2006年中位推計)

生年(2006年末時点の年齢)	未婚率(%)					平均初婚年齢(歳)
	25歳	30歳	35歳	40歳	50歳	
1955(51歳)	**45.6**	**13.6**	**8.1**	**6.5**	**5.8**	**24.9**
1960(46歳)	**54.9**	**20.3**	**12.5**	10.3	9.3	25.7
1965(41歳)	**64.5**	**26.7**	**16.5**	13.3	12.0	26.5
1970(36歳)	**69.5**	**34.1**	22.0	18.0	16.2	27.1
1975(31歳)	**74.1**	**40.2**	27.1	22.7	20.4	27.5
1980(26歳)	**76.6**	44.4	30.2	25.1	22.6	27.9
1985(21歳)	77.9	46.6	31.6	26.1	23.5	28.1
1990(16歳)	78.4	47.2	31.9	26.2	23.5	28.2
1995(11歳)	78.7	47.5	32.0	26.2	23.6	28.2
2000(6歳)	78.9	47.7	32.0	26.2	23.6	28.3
2005(1歳)	78.9	47.7	32.1	26.3	23.6	28.3

注：太字は人口動態統計の初婚率より算出された実績値.
出典：『平成18年人口推計によるデータ』国立社会保障・人口問題研究所

表1-5　女性の無子率の変化(2006年中位推計)

生年(2006年末時点の年齢)	出生児分布(未婚者を含む)(%)			
	0人	1人	2人	3人以上
1955(51歳)	**13**	**12**	**47**	**28**
1960(46歳)	17	14	44	25
1965(41歳)	23	17	41	20
1970(36歳)	30	19	36	15
1975(31歳)	33	18	36	14
1980(26歳)	36	18	34	12
1985(21歳)	37	18	33	12
1990(16歳)	37	18	33	11
1995(11歳)	38	18	33	11
2000(6歳)	38	18	33	11
2005(1歳)	38	18	33	11

注：太字は同上　出典：同上

五五年に起きた少子化とは、決定的に違う点である。

家族の視点から見れば、ある人は結婚し、子どもを二人産み育て、一生を送る。現在の時点でも、数から言えば、彼らは多数派である。彼らから見れば、日本で起きている少子化現象は、マクロ的な影響を除けば、「他人事」であろう。一方、結婚しない(予定も含む)人、子どもがいない(予定も含む)人にとっては、少子化はまさに、自分自身の(もしくは、将来降りかかるであろう)問題となるのだ。

少子化の影響や、少子化の原因、そして、少子化対策を考察する場合、現在の少子化が、地域格差と家族格差を伴って進行していることを念頭に置かなくてはならない。

3　なぜ少子化が社会問題なのか

ここで、現在の日本で進行中の少子化、それによって引き起こされる人口減少が、なぜ、社会問題とされるのかを整理しておこう。一九五〇〜五五年の少子化は、社会にとって歓迎すべきことであった。また、今でも世界で人口問題といえば、人口爆発をいかに抑制するかという問題である。よく知られているように、中国では、一九八〇年から出産抑制策(いわゆる「一人っ子政策」)がとられた。ヨーロッパと東アジアの一部の国だけが、少子化を社会問題とみなして、対策を検討している。

論壇等では、少子化のメリット、デメリットについて、様々な意見が交わされている。私は、これらの議論が、マクロ的な数字の議論に偏りすぎていると感じている。私は、少子化を社会問題と考える最大の理由は、それが、「地域格差」「家族格差」を伴っていることにあると思っている。その点に行く前に、よく議論されているメリット論とデメリット論を検討しておこう。

マクロ的なメリットはあるのか

人口減少は、大歓迎と評価する人もいる。人口爆発といわれるぐらい、地球全体で人口が増えすぎて、地球環境への悪影響や、食糧事情の悪化、資源、エネルギーの枯渇が心配されている。そこで、日本で人口が減るのは大歓迎、自然破壊や資源乱獲を防ぐのに役立つというものである。

ただ、日本の人口減少は世界規模で見ればほんのわずかであり、自然環境への影響など焼け石に水といってよい。確かに、先進国では一人あたりのエネルギー消費量は高いが、省エネや環境に配慮した生活も浸透しつつある。人口爆発を本当に心配するならアフリカや中南米の動向を、資源、エネルギーを心配するなら中国やインドの動向を問題にすべきであり、これらの地域の国々の人口増加や一人あたりのエネルギー消費の増加に比べれば、日本や他の先進国の少子化の影響など微々たるものである。

一〇〇年、二〇〇年という長期的視点に立てば、地球環境全体にとってはメリットかも知れないが、少なくとも一〇年、二〇年というタイムスパンでは、この意味でのメリットはほとんど考えられない。

素人的なメリット論では、通勤電車の混雑がなくなるとか、取り上げる価値のないものも多く言われる。中には、人口が少なくなるから大学に入りやすくなるとか、好きな職業に就けるようになると言う人もいる。しかし、入学しやすくなった大学は、行く価値も減じていく。二〇〇六年の時点で、大学全入時代とか、大学倒産時代と言われているくらいなのだ（新人口予測だと、二〇七〇年頃には、生まれた子どもが全員大学に入学しても、まだ定員が余ってしまう）。職業になると、これは、それ以上に見込みがない。人口が減少すれば、医者や弁護士になりたい人は皆なれるというのは、無理な論理である。人口が少なくなれば、必要とされる医者の数も減るだけで、全体的ななりやすさには変わりはない。むしろ、高齢の専門職の人が居残れば、逆に、若者はなりにくくなる可能性もある。

このように、日本社会にとって、人口が減少することによるマクロ的なメリットは考えにくいのだ。

マクロ的なデメリット

次に、人口減少が日本社会(全体)に与える影響を考えてみよう(これをマクロ的なデメリットと呼んでおく)。

もし、人口構成が変わらずに、総人口が減るのならば、大きな問題はない。しかし、現在進行中の少子化は、子どもの数が少なくなり、高齢者の割合が増えていく少子高齢化である。子どもの数が減り続ければ、それに引き続いて、働く人の割合が低下する。そして、高齢者の人数のみが増加し、高齢者の割合が高まる。寿命の延びを考えなくても、少子化は、高齢化、つまり、人口の中での高齢者割合の増加につながる。

二〇〇五年現在、六五歳以上の高齢者の割合は、二一%に達している。一九九〇年には一二%であったことを考えると、極めて「急速な」高齢化が進んでいるのだ。このまま、少子化が進行すると、結果的に高齢者の割合が増えて、二〇二五年には約三〇・九%、二〇五五年には、約三八・一%になると試算されている(図1-4)。平均寿命の延びも予測され、人数も増加する。二〇〇五年の高齢者人口は、二五七六万一〇〇〇人だが、団塊世代が高齢者の仲間入りをするようになり、二〇二五年には、三七一一万三〇〇〇人、ここから増え方は減り、二〇四二年にピークを迎え、二〇五五年には三八一〇万四〇〇〇人となると予測されている(図1-5)。その時、一五歳未満の子ども数はたった七五二万二〇〇〇人で、高齢者五人に子ども一人の割合となる。

少子化の結果としての「人口構成の変化」によって、日本社会には、①労働力不足、②年金などの社会保障負担の増大、③経済成長の鈍化などのデメリットが生じることが確実視されて

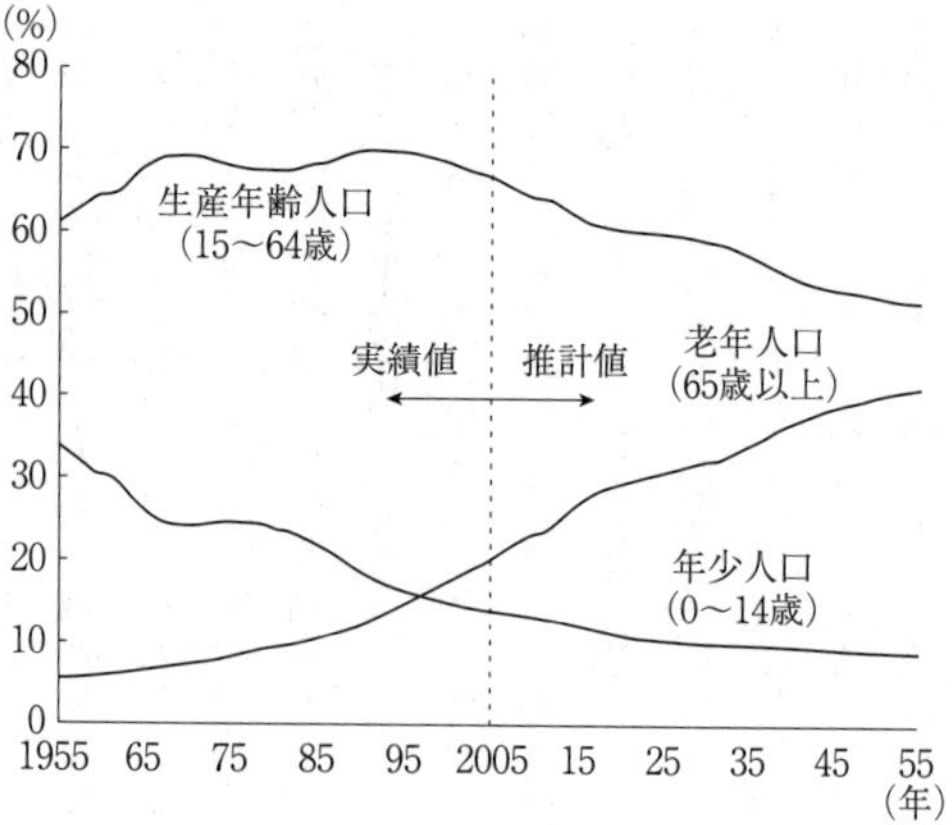

出典：『日本の将来推計人口』(2006 年 12 月)，国立社会保障・人口問題研究所.

図 1-4　高齢者人口割合の推移(中位推計)

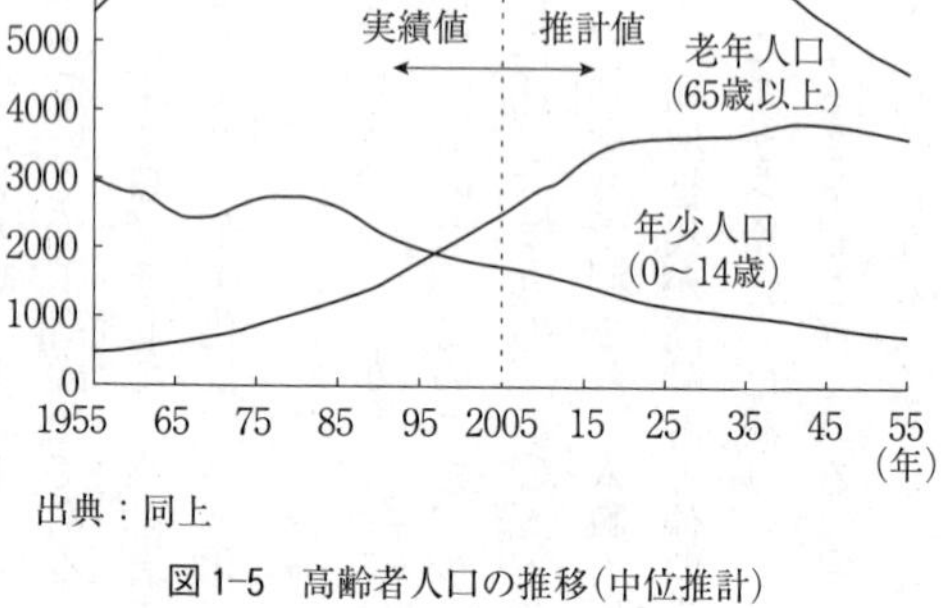

出典：同上

図 1-5　高齢者人口の推移(中位推計)

いる。順に見ていこう。

日本は働いている高齢者が、他の先進国に比べて多い社会である(清家篤『生涯現役社会』)。しかし、今後、後期高齢者と言われる七五歳以上の人が増える。さすがに、日本でも、七五歳以上の人の労働力率は低い。働く気はあっても、有病率、要介護率などが高まり、リタイアする人が増える。一方、少子化により、働く世代は今後減少していく。その結果、日本全体で労働力不足が起きることが心配されている。

次に、社会保障の問題である。現在、原則六五歳以上の高齢者には、公的年金が支給される。日本では、賦課方式といって、現役世代が支払っている拠出金で、高齢者の年金を賄うというシステムに実質的になっている。年金を受け取る高齢者が増え、働く現役世代の人口が減ると、それだけ、年金財政が破綻する懸念が出てくる。医療保険について言えば、高齢者は有病率が高いので、実質的に、現役世代の掛け金によって、高齢者の医療費が払われている。そのため、少子高齢化は、健康保険財政にも悪影響を与える。そして、介護保険となると、その財政状況が急速に悪化することはいうまでもない。

最後に、消費が旺盛な現役世代が減り、全体の人口も減れば、当然、需要も減る。需要が低下するところでは、新規の投資が起きにくい。それだけ、経済成長に悪影響を及ぼすことが懸念されている。

マクロ的な対策は可能か

このような少子化、正確に言えば、少子高齢化のデメリットに対して、人口減少社会や少子高齢化は怖くないという内容の本がいくつか出版されている。代表的なものとして、経済学分野では、松谷明彦氏の『人口減少経済の新しい公式』や、原田泰・鈴木準両氏の『人口減少社会は怖くない』、島田晴雄・渥美由喜両氏の『少子化克服への最終処方箋』、社会学では、赤川学氏の『子どもが減って何が悪い』などが挙げられる。

これらの本の基本的主張は、少子化のデメリットに対しきちんとした政策を行えば、日本社会は大丈夫というもので、決して、少子化が悪影響を及ぼさないとか、放置してもかまわないと言っているわけではない。

8章でもう一度整理するが、少子化対策といわれるものには、「出生率を上げる」ことを目的とするものと、「少子化を前提とし、それに対応した社会を作る」ことを目的とするものがあり、私は両方とも必要だと思っている。これらの本は、後者の対策を強調するものである。

その対策には、次のものが挙げられている。

①労働力不足に対しては、女性や高齢者自身の就労率を上げるという対策が推奨される。日本は、既婚女性の労働力率が諸先進国に比べて低いので、様々な年代の女性が働きやすい環境

を整えることが求められる。先に述べたように、高齢者で働く人は、諸外国に比べて多いが、これから高齢者になる人にも、働きやすい環境を整備することが必要となっている。それでも不足すれば、外国人労働者を受け入れるという手段も挙げられている(これに関しては、賛否両論がある)。

②年金や健康保険など、社会保障に関しては、何らかの形でその負担割合や負担方式を変える対策が求められる。年金に関しては、年金財政を健全化させるためには、現役世代の拠出を増やし、高齢者が受け取る年金額を徐々に減らしていく以外に方法はない。健康保険に関しても、高齢者自身の負担を増やし、保険料を上げるという方法しかない。制度を変えて、税金の割合を増やしても、税金を負担するのが国民である以上、ロジックは一緒である。赤川学氏が述べるように、少子高齢化によって生じる負担をどのように公平に分担するかを議論しなければならないことは、言うまでもない。

③経済成長に関しては、これは、経済の一層の効率化や高付加価値産業の育成などによって、国民一人あたりの生産性を上げる努力をすれば、需要減の中でも、経済成長をプラスに保つことが可能とされている。

以上のような対策をしなければ、少子化のデメリットが必然的に顕在化していくし、対策が十分に行われれば、日本社会全体にとって、人口減少は怖くないというのも確かである。というよりも、今後、人口減少が現実に起こることは確実であり、少子化傾向が反転するとしてもその効果が現れるのは、早くて二〇年後(子どもが成人して労働力人口に加わる時間を考慮するため)であるから、このような対策を行うことは、必要かつ不可欠となっている。

地域格差の拡大と人口減少地域の経済的破綻

しかし、少子化のデメリットは、日本社会全体の問題に留まるものではない。2節で述べたように、現在の少子化は、地域格差と家族格差を伴って進行するからだ。

地域の問題で言えば、先に述べたデメリットである、①労働力不足、②社会保障財政、③経済成長の問題がより増幅した形で現れる。それは、大都市部と地方の格差、それから、地方の中でも活性化した地域とそうでない地域の格差の問題として現れる。

地方、および、活性化していない地域は、子ども数の減少による自然減と若い人の流出による社会減によって、人口減少と高齢者割合の増加というダブルパンチに見舞われる。

①生産のための労働力不足だけでなく、需要が減少した人口減少地域からはサービス業も経済的に維持できずに撤退せざるを得ない。介護や医療の労働力も不足する。自由主義経済下では、「有利」な職場がある地域に労働力は移動する。専門職やサービス業に従事する労働者は、

活性化している地域や大都市に移動してしまうだろう。彼らを引き留めるには「補助金」が必要で、相当の公的資金を投入しなければならないが、それが過疎地域の財政状況を悪化させるという悪循環に陥る。高齢者が高齢者を介護したり、高齢者でも可能な形でサービス業に従事するシステムを作り出す必要に迫まられるが（それでも医師など専門サービス業は不足する）、これが可能かどうかは、分からない。

②社会保障財政に関しては、地域レベルでの自立は不可能になる。経済的に活性化しており、若い人、そして、お金持ちの高齢者が多い地域では、地域の社会保障財政は維持していけるかもしれない。しかし、急速な高齢化が進む地域では、現役世代の拠出が少ないだけでなく、資産はなく収入も少ない高齢者が多い。つまり、若い人が高齢者を支える賦課方式をとろうが、お金持ちの高齢者が低収入の高齢者を支える「世代内助け合い方式」をとろうが、どちらも不可能という地域がこれからでてくるのだ。そのような地域からは、負担力がある若年、壮年層やお金持ちの高齢者も「逃げ出す」率が高まるから、ますます格差は拡大する。

③経済成長にしても、活力ある人は、雇用機会やビジネス機会を求めて活力ある地域に移動する。わざわざ人口減少地域に投資しようとする人はいないから、経済成長的にも、取り残される地域が出現する。

日本をトータルで見た場合は、人の移動という要素を大きく考慮する必要はないから、少子化への対応策も立てることができた。しかし、地域の状況を考えるときには、人の移動や資本の移転を常に考慮しなくてはならない。現在、地方分権など、地域の自立を求める風潮が強いが、「移動」を考慮すると、少子化のデメリットを地域内部で解決することは現実的でない。人口減少、高齢化が急速に進む地域への特別の対応策を、「日本全体」で考えなくてはならない時期に来ているのだ。

再生産不平等社会

最後に、家族格差の問題に移りたい。2節で示したように、少子化は、家族格差を伴って進行する。今後、結婚しないで一生を送る人や、子どもをもたずに一生を送る人が増大する社会となる。

この事実が、社会にデメリットと認識されるためには、いくつかの前提条件が必要である。ここでは、二つの点について、指摘しておこう。

もし、結婚しないことや子どもをもたないことが、自らが望んで選択したものであれば、本人にとって何ら問題ではない。何か将来不都合が起きても、自己責任と言うことも可能である。しかし、次章で考察するように、多くの若者は、結婚や子どもをもつことを望んでいる。望んでいながら、配偶者や子どもをもてないという事態が進行しているのだ。

もう一つは、彼らの人口規模である。確かに、昔から、自ら望んだわけではないのに、未婚のまま一生を送る人、および、子どもをもたずに一生を送る人が存在した。しかし、少数であったがゆえに、彼らは、社会にとって、「例外」として扱われてきた。

しかし、現在の若者は、四分の一が結婚せず、四割は子どもをもたない。彼らを例外とすることはできない。

近代社会では、ほとんどの人が結婚し、子どもを産み育てることを前提に社会制度が設計されてきた。この配偶者や子どもがないまま一生を送る人の割合が大幅に増えることによって、社会制度の組み替えが求められる。

まず、家族を単位とした社会保障制度、および、社会福祉制度の見直しが求められるだろう。これは、単に少子化だけでなく、離婚が増大しているという側面からも言える。今の若者の離婚経験率は三〇％になると予測されている。今後は、結婚して子どもをもち離婚しない人(現在二〇歳以下の若者)は、相対的に少数派、つまり、五割を切るということになる。

また、それ以上に、個々の人々の生活や意識の面でも大きな変化が生じるはずである。

まず、日本の文化的伝統と言われる「イエ意識、イエ制度」がもたなくなる(これも、伝統と言いながら明治以降に作られたものであるが)。長男に家を継がせて、祖先祭祀を継承させるというスタイルが多くの家族において不可能になる。現在の二〇歳男性が長男をもつ確率は五割を切る。多くの日本人の宗教が長男を継承者として祖先祭祀を行う日本的仏教であり続けるとすると、従来の先祖代々のお墓というのは、五〇年後には半減し、多くの無縁墓が残されるだろう。

そして、家族格差が問題となるのは、個人化が進む現代社会においては、個人にとって、経済的にも心理的にも「家族」という存在の重要性がますます増しているからである。この点について、2章で詳しく論じることにしよう。

第2章　家族の理想と現実

1　結婚・出産意欲が衰えたのか

必要性がなくなったからか

現代日本社会の少子化の実態を理解するためには、「人は家族をもちたがっているけれどももてなくなっている」という現実を認識する必要がある。

結婚する人が減り、子どもをもつ人が減っている。この事実だけを見れば、結婚したくない人、子どもをもちたくない人が増えたと思うのは無理もない。

そして、男女共同参画が進み、仕事をもって経済的に自立できる女性が増えたから、女性が結婚を「あえて」しなくなったという説や、社会が便利になり、コンビニや総菜屋ができて、主婦が不要になったから、「あえて」結婚しない男性が増えたのだという説も、まことしやかに語られる。

また、子どもに関しても、昔は、老後の扶養期待から子どもをもつ動機があったが、今は、公的年金など社会保障制度が整ったので、子どもをもつ動機が薄れたのだという説も根強く唱えられている。

仕事をもつ女性の増加、家事の外部化、社会保障制度の整備などの進展は、結婚しなくても、また、子どもをもたなくても「生活」できる条件が整ってきたというだけで、これ自体が結婚や子どもをもつ意欲を損なう原因になっているとは思えない。

これらの説の前提には、人間は、日常生活の必要性に迫られなければ結婚しない、子どもをもたないという前提に基づいている。逆に言えば、昔は、必要性に迫られて仕方なく結婚し、老後に扶養されるために子どもを仕方なく育てたということになる。本当にそうであろうか。

三〇代で仕事をもつ独身女性は増えている。しかし、それは、未婚化の原因というよりも、「結果」であると考えた方がよい。結婚して仕事を辞めたくても、結婚できないまま仕事をし続けている可能性の方が高いのだ。また、コンビニや総菜屋の発達についても、未婚化の原因というよりも「結果」である。市場の論理から考えれば、独身者を増やすためにコンビニを作ったと考える方がおかしい。また、昭和三〇年頃は、都市部には、一人暮らし男性の需要を満たすために朝食も提供する大衆食堂が数多く存在していた。それがコンビニに代わっただけともいえる。社会保障制度も、家業を子どもに継承させることができないサラリーマンが増えれば、必然的に必要になってくるもので、昔の人は、子どもの扶養を当てにして子どもを産み育てたわけではない。

結婚意欲は衰えていない

何より、実態調査を見ると、多くの未婚者は、結婚したいという希望をもっている。結婚希望に関する調査は、様々な機関で行われているが、最も統計的に信頼がおけるのは、国立社会保障・人口問題研究所が継続的に行っている出生動向調査であり、二〇〇五年の時点でも、ほぼ九割の独身者が「結婚意志」をもっている(表2-1)。そして、この割合は、調査開始以来、それほど弱まっていない。

他の機関、自治体や結婚サービス業などの調査でも、対象年齢層によって異なるが、だいたい、八~九割の独身者は、「将来、結婚したい」と回答している。

そして、重要なのは、この結果は、既婚者を除いた「独身者」に聞いているということである。つまり、結婚したい人の割合は、全体の中の九〇%なのではない。既婚者は、結婚したかったから結婚したと考えると、少なく見積もっても九五%以上が結婚意志をもつ(もった)ことになる(独身者の中には結婚を経験し離死別した者も含まれていることも考慮すればさらに高まる)。逆に、結婚したくない、つまり、独身を通したいと思っている人の割合は、現在の時点を見ても、若者(一八~三五歳までとしておく)の五%以下である。

表 2-1　独身者の結婚意志

〔男　性〕　(%)

生涯の結婚意志	1982	1987	1992	1997	2002	2005
いずれ結婚するつもり	95.9	91.8	90.0	85.9	87.0	87.0
一生結婚するつもりはない	2.3	4.5	4.9	6.3	5.4	7.1
不　詳	1.8	3.7	5.1	7.8	7.7	5.9
標　本　数(人)	2,732	3,299	4,215	3,982	3,897	3,139

〔女　性〕　(%)

生涯の結婚意志	1982	1987	1992	1997	2002	2005
いずれ結婚するつもり	94.2	92.9	90.2	89.1	88.3	90.0
一生結婚するつもりはない	4.1	4.6	5.2	4.9	5.0	5.6
不　詳	1.7	2.5	4.6	6.0	6.7	4.3
標　本　数(人)	2,110	2,605	3,647	3,612	3,494	3,064

設問「自分の一生を通じて考えた場合，あなたの結婚に対するお考えは，次のうちのどちらですか」
1．いずれ結婚するつもり，2．一生結婚するつもりはない

注：対象は 18 ～ 34 歳未婚者

出典：『結婚と出産に関する全国調査』国立社会保障・人口問題研究所

更に、結婚意志は、その人の人生の中で変化するものである。現在、一生独身を通そうと思っていても、将来結婚したくなるかも知れない（在学中絶対独身を通すと主張し続けていた私のゼミ生も、卒業後、結婚し、子どもをもっているケースが少なくない）。通常、三五歳を過ぎると、結婚意志は弱くなる。これも、それまでの間独身を通したいと思っていたというよりも、結婚意志はあったのだが、機会がこないうちに年齢を重ねた結果、今更結婚したくないと回答している可能性もある（三五歳以上の独身者では、離別者割合が多くなるから、「もう結婚はこりごり」という意味で結婚したくない

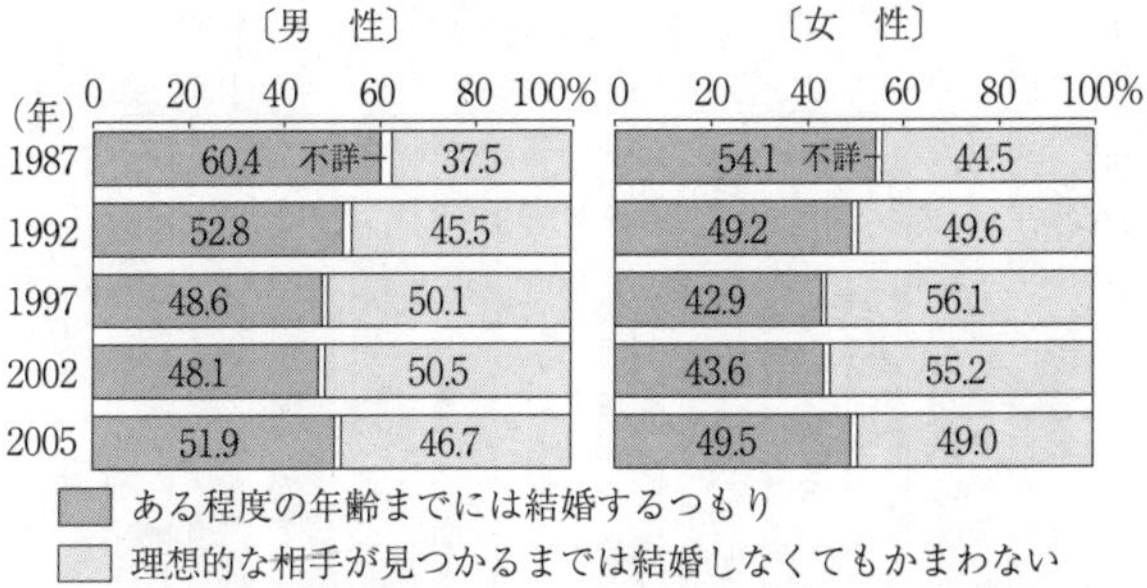

注：対象は「いずれ結婚するつもり」と答えた18〜34歳未婚者
出典：『結婚と出産に関する全国調査』国立社会保障・人口問題研究所

図2-1　積極的結婚意志と消極的結婚意志

と回答している可能性もある)。

そうすると、一生涯一度も結婚したいと思わなかった人々の割合となると、はるかに少なくなると推定される。

結婚する意志、子どもをもつ意欲は弱まっているか

先の国立社会保障・人口問題研究所の調査では、積極的結婚意志が弱まったと主張されている。確かに、経年変化を見てみると、未婚者の間で、「ある程度の年齢までには結婚するつもり」という答えは減り続け、「理想的な人が現れるまで」が増えている。ただ、二〇〇五年の調査では、「ある程度の年齢までには結婚するつもり」が若干増えている(図2-1)。

私は、この質問には、無理があると思う。それは、理想的な人が現れるまで結婚したくないというのと、ある程度の年齢までには結婚したいというのは、「別次元」の希望だからである。多くの人は、「ある程度の年齢ま

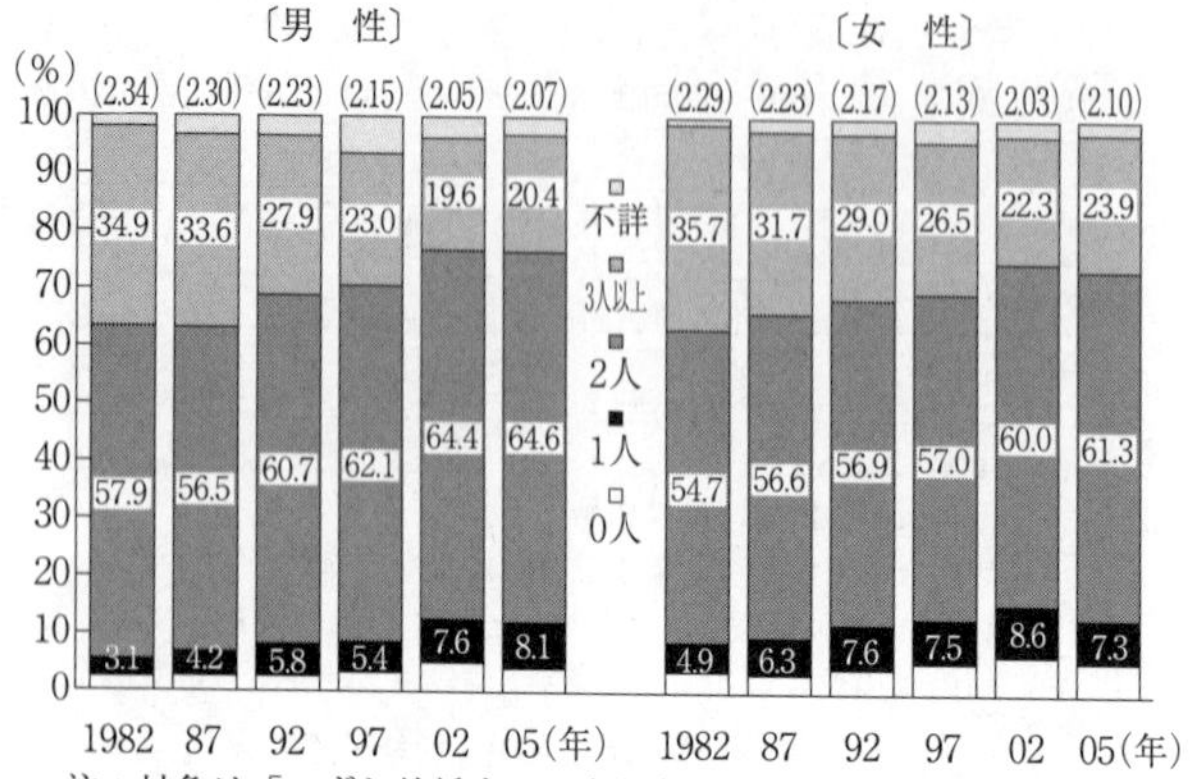

注：対象は「いずれ結婚するつもり」と答えた18〜34歳未婚者，
図の上部(　)内は平均希望子ども数

出典：『結婚と出産に関する全国調査』国立社会保障・人口問題研究所

図 2-2　未婚者の希望子ども数

でに、理想的な人と結婚したい」と思っているはずである。その状況下で、「ある程度の年齢まで」という選択肢を選ぶことは、「理想的でない人とでも結婚してもよい」という意味を含むと解釈する人が出てくる。年齢が高くなり、結婚のチャンスが減少していることを感じれば、「ある程度の年齢まで」が意味を失って、「理想的な人」の方が増えるのだと解釈している。

結婚は、人生にとっての重要な選択であり、やり直しがききにくいという意味で、数少ない「不可逆決定」なのである。「理想的でない人」とでも結婚したいかどうか、というのを願望レベルで聞いてもあまり意味があるとは思えない。

また、出生動向基本調査には、調査項目の

中で、「一年以内に（結婚）したい」という回答項目があるが、結婚は、したいと思ってすぐできるものではない。したいと思ったらすぐ結婚や出産ができるものなら、先の調査結果によれば、みんなしているだろう。一年以内にしたいというのは、単なる願望に過ぎない。

出生動向調査では、子どもを何人もちたいかを、未婚者、既婚者双方に聞いている（図2-2）。結婚を希望する未婚者で、子どもをいらないと回答するのは、男女とも五％程度であり、大多数は二人か三人もちたいと思っている。また、既婚者でも、平均希望子ども数は二を上回っている。近年は、既婚夫婦の間でも希望子ども数の低下は多少見られるが、それでも、子どもがいらないとする既婚者はほとんどいない。

2　家族の重要性の高まり

長期的に信頼できる人間関係

ここで、なぜ、結婚願望が衰えていないかを考察しておこう。それは、近代社会における「家族」の位置づけに由来している。

近代社会において、家族とは、長期的に信頼できる関係として発達してきたものである。これは、経済的には、生活の単位であり、生活の責任をもってもらえる相手、つまりは、いざとなった時に助けあえる関係性である。それは、個人のアイデンティティの中核であり、人々の生き甲斐の「一つ」となっている。

私は、経済的意味、情緒的意味の双方を含める形で、家族を、「自分を心配してくれる存在」かつ「自分を必要としてくれる存在」と言い換えて使っている。

前近代社会では、経済的には、共同体や親族集団などが、いざとなった時に助けてくれた。また、宗教が生き甲斐を提供し、共同体の濃密な人間関係が、自分を心配し、自分を必要としてくれる人の存在を保証していた。共同体に属していれば、そして、宗教を信じていれば、「長期的に信頼できる人間関係」が自動的に保証されたのである。未婚者などは、キリスト教国では修道院など、日本では仏門に入るなどして、「神」や「仏」(現実には、宗教集団だが)に必要とされる存在として生きることを選ぶこともできた。

よく、近代化によって個人主義が浸透したと言われる。だが、それは、個人が「長期的に信頼できる関係」を必要としなくなったことを意味しない。むしろ逆である。共同体が崩壊し、宗教が衰退したため、「長期的に信頼できる関係」が自動的に与えられる社会ではなくなった。だからこそ、長期的に信頼できる関係を「個人的に」作らなければならない社会になったのである。それは、多くの人にとっては、昔のような共同体や宗教集団ではなく、家族を作ることによって達成される。というよりも、信頼できる関係を「家族」という言葉で呼ぶようになり、それを自分で作り出さねばならなくなったのが近代社会の特徴なのである。

個人は、家族の中に生まれ、信頼できる関係(通常は親)の中で育てられる。しかし、親との関係は永続しない。それゆえ、結婚して男女の関係を安定させ(恋人は長期的に安定した関係とは考えられていない)、子どもをもつことによって、将来にわたって、「自分を心配してくれ、自分を必要としてくれる存在」を確保しようとする。これが、近代社会において、結婚したい、子どもをもちたいという欲求の基礎にあるのである。

近代社会の深化と家族欲求の高まり

そして、一九九〇年代以降、新自由主義やグローバル化の進展によって、「個人化」が徹底される時代を迎えた。それは、「家族」に対する必要性を増している。なぜなら、それまで、ある程度信頼できるものであった企業や政府の信頼性が低下しているからだ。企業は終身雇用制の見直しによって、入社したら一生経済的保証を与えてくれるとは限らなくなっているし、政府は福祉の見直しによって、「いざとなった時の十分な助け」になるかどうか不安に思う人が増えている。そして、コミュニティや親族は、ますます、頼ることができないものになっている。自分を心配し、自分を必要としてくれると思える存在が、家族以外にはなくなっていく。

もちろん、一部の仕事ができる人にとっては、社会(あるいは会社でもいいが)が自分の能力を必要としてくれるという感覚をもてるだろうし、収入や資産があれば、家族がいなくても経済的に安心だろう。しかし、非正規雇用やリストラの可能性が高まる中で、自分の仕事能力が社会(会社)にとって不可欠であるという感覚をもてる人の数は確実に減少している。

信頼できる関係性を、家族以外の人に求めるという可能性もないわけではない。しかし、友人は家族と違って、「自分にとって不利益なら関係をやめる」自由があり、信頼度は落ちる。様々な宗教集団に「信頼できる関係性」を求めようとする人も出てきており、それが、原理主義的な宗教が伸張する理由にもなっているが、これも家族から排除される人々の増大(つまり「家族格差」の拡大)がもたらした現象だと考えられる。

もちろん、家族自体も信頼性が低下している。夫婦間や親子間の殺人など様々な事件が報道され、離婚や虐待も増えている。とはいえ、家族が他に比べればより信頼できる関係であると信じられていることに変化はない。また、家族関係の信頼性を損なう事件を見るにつれ、結婚相手選びや子どもをもつことに、慎重になる人が増えるのも当然である。それは、相手が信頼できるかどうかについて、また、子どもとよりよい関係を築けるかどうかに関して慎重になっているだけであって、結婚したい、子どもをもちたいという欲求自体がなくなるわけではない。

つまり、近代社会が進展し、個人化が徹底すればするほど、むしろ、「家族」への欲望は加

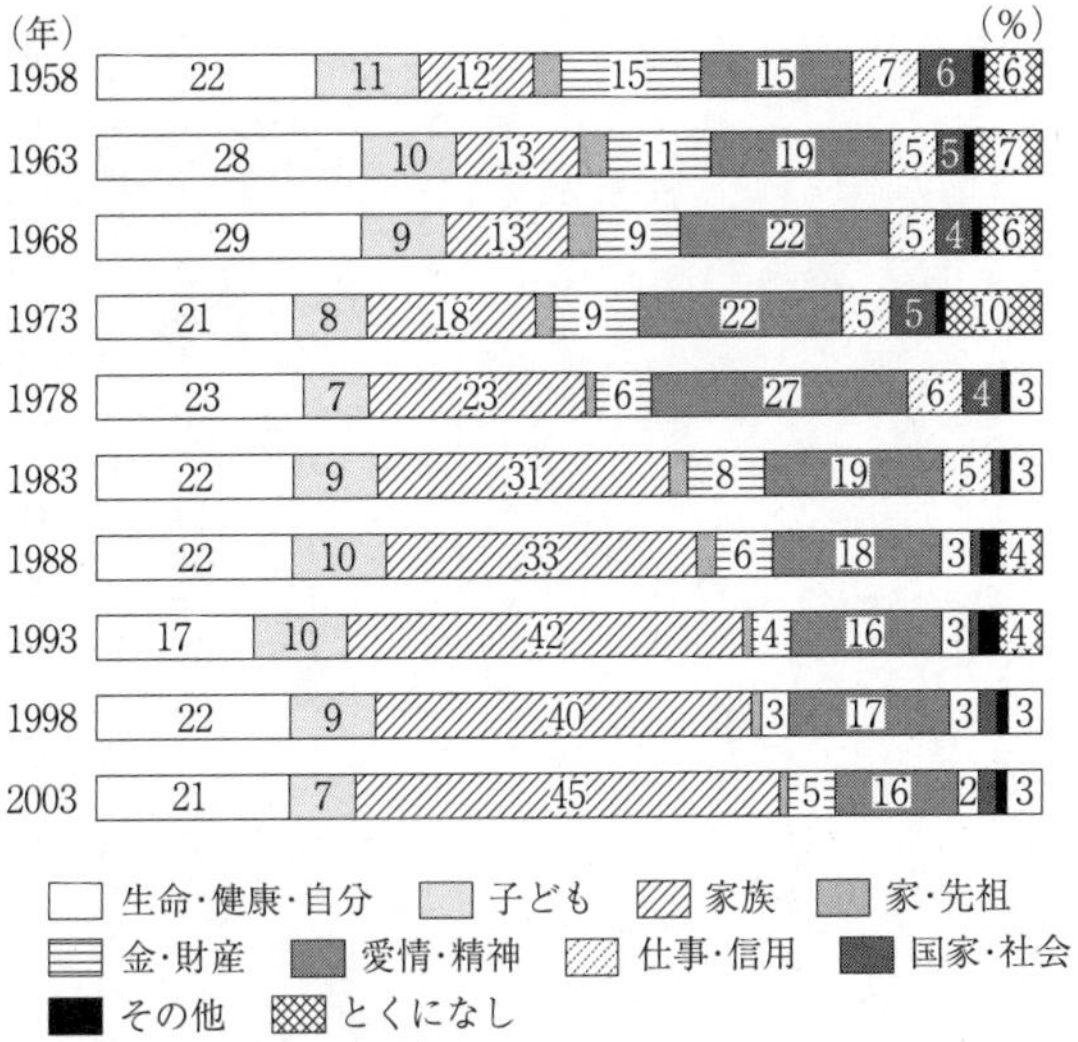

出典：『国民性の研究 第11次全国調査』統計数理研究所

図2-3 一番大切なもの

速する。この傾向は、統計数理研究所の継続調査で、戦後一貫して、一番大切なものとして、家族を挙げる人が増えていることからも分かる(図2-3)。

日本において、将来、結婚したいと思いながら、「当面は結婚したくない」と結婚意志が弱いのは、私の言うパラサイト・シングル、成人後も親と同居する未婚者が多いからだと考えている。若者にとって、いざとなったときに助けてくれる人は、将来の配偶者以上に同居の親であることが多い。だから、親が元気である限り、信頼できる関係がとりあえず確保されていることになる。しかし、それがいつまでも続くことはない。親が亡くなった時には、結婚や子どもをもつにはもう遅いということが起こり始めているのだ。

1章の最後に示したように、このような人々の増大に対して、どのような対策をとるかが今後大きな社会政策上の課題になるであろう。

第3章　少子化の原因を探るにあたって

1　少子化をめぐるタブー

願望と現実のギャップ

これまでの章で考察してきたように、現在、日本では、子どもを産む人が少なくなっている。それも、結婚する人が少なくなっているという形で少子化が進み、最近では、夫婦一組あたりに生まれる子ども数の低下も始まっている。つまり、結婚しない人、結婚しても子どもをもたない人、そして、結婚して子どもをもつ人への分解が進行している。

一方、ほとんどの未婚者は結婚を望み、子どもをもちたいと思っており、既婚者も子どもを二人以上もちたがっている。それは、2章で述べたように、社会が個人化すればするほど、「信頼できる関係」が必要になり、近代社会において、あらゆる関係のうち、最も信頼できる関係は、血縁や婚姻で成り立つ家族と信じられているからである。

では、結婚し、子どもをもちたいと思う人が多いのにもかかわらず、結婚しなかったり、結婚しても子どもをもたない、というよりも、もてない理由を考察していかなければならない。つまり、近年、日本において、家族形成に関する願望と現実のギャップがいかに生じてきたかを考察しなければならない。

「あたりまえ」の事実

結婚や出産は、望んだからといって、実現するものではない。

人工授精、体外受精という例外はあるものの、子どもが生まれるには、生殖可能な男女がセックスしなくてはならない。そして、日本では、現在でも結婚が子どもを産み育てる社会的条件になっており、また、生まれてきた子どもは親によって育てられることが前提である。

家族が欲しいからといって、結婚相手は誰でもよいというわけにはいかない。そして、子どもが生まれればどんな経済状態でもかまわないという人はまずいない。子どもを育てていくのには、十分なお金と、一緒に子どもを産み育ててくれる相手が必要である。

ここで、二つの条件が重要になってくる。

①お互い結婚したいと思う相手に出会うこと

②子どもを育てるのに十分な経済力があること

そして、この「あたりまえ」の事実こそが、少子化の議論において、ほとんど触れられてこなかったのである。

なぜ、触れられなかったか。それは、（結婚相手としての）魅力や（子どもを育てていくための）経済力は、みな平等に備わっているわけではない、つまり、格差があるからである。そして、官公庁やマスコミは、この事実に触れることを極度に嫌がってきた。なぜなら、平等を建前とする近代社会においては、政府や社会は、格差が存在することを認めたくないからである。

少子化のタブー①　魅力格差

まず、魅力の格差を見てみよう。

結婚するには、結婚を望む男女が出会うだけでは、十分ではない。お互いが相手に結婚相手としての魅力を感じる必要がある。ここからは、「結婚相手としての魅力」という意味で、魅力という言葉を使用することにする。これは、言うまでもなく、人間としての魅力や、単なる性的魅力とはイコールではない。結婚相手として考えられないが、人間的魅力が備わった相手やセックスしたい相手は存在する。とはいえ、性的魅力を感じない人と結婚したいと思う人はまずいない、つまり、結婚相手としての魅力には、性的魅力が含まれる（特に男性にとって）。

逆に言えば、魅力を感じる相手でなければ結婚に踏み切らない。いくら結婚を望む男女が出会い、たとえ一方が魅力を感じたとしても、もう一方が相手に魅力を感じなければ、恋人としての交際も始まらない。

よく、結婚相手と出会う機会がなくなったというが、それは、自分が魅力を感じる相手がいないだけで、独身男性、独身女性はこの世に溢れている。魅力を感じない相手がいくら周りにいても、また、自分に魅力を感じてくれる相手がいなければ、やはり結婚には至らないのである。

そして、男女によって魅力となる要素が異なっている。（結婚相手としての）魅力とは、結婚相手に無意識的に求めてしまう「要素」といってもよい。そういう意味での魅力には、人によって格差がある。そのような魅力の要素、基準、分布状況、特に、格差の状況、変動などを考慮に入れなければ、結婚状況は分析できない。そして、7章で考察するが、魅力の問題は、経済的要因と関係しているのだ。

私は、時々、女性誌の恋愛相談の回答者を頼まれるが、その中で多いのは、「自分が好きな人は結婚していたり彼女がいる。自分が好きでない人から告白される」というものである。男性から見れば、好きな人からは相手にされないということになろうか。

しかし、結婚を分析する多くの人口学者、経済学者はもちろん、社会学者から評論家、行政当局に至るまで、魅力格差ゆえの結婚難に関しては、ほとんど無視してきた。

男女が出会えば、交際が始まって結婚すると考えるのは、人間を動物以下と考えているのではないだろうか。鳥類やほ乳類の多くでは、「異性に対する魅力」の認識が発達しており、特に「オス」間の格差は歴然としている。パンダなどはいくら異性がいても、相性があってなかなか交尾に至らない。だから多くの動物園では人工授精に頼っているのが現状である。よく、相手の基準を引き下げろなどとアドバイスされることもあるが、魅力は「感じる」ものであり、「無意識」の領域の問題である。結婚したいが、魅力を感じない人と結婚するくらいなら独身の方がましと考える人も多いだろう。もちろん、親等の取り決めや、打算で結婚する人も今でも存在する。しかし、それが望ましい結婚の姿とは本人も思わないだろう。

確かに、性的魅力を含んだ魅力格差の問題は、本人にとっていかんともしがたい問題であると同時に、社会的な対策のしようがない問題である。だから、公に触れにくいことは、理解できる。だからといって、少子化の原因を考察するときに、無視してよいという問題ではない。この点については、7章で改めて論じる。

少子化のタブー②　経済格差

次に、経済格差のタブーを見ていこう。

子どもがほしくても、十分に育てていく「お金」を用意する見通しがなければ、多くの人は子どもを産もうとしない。特に、現在の日本においては、子育てに期待する水準が高くなっている。一方、子育て期の若者の収入には「格差」がつき始めている。

多くの論者は、子どもを産みたければ、産むはずであり、どんなに低収入でも、子どもがいれば「幸せであるはず」という仮定をおいている。しかし、人間の「幸せ」はそれほど単純ではない。

日本社会には、「恥」の感覚、特に、人並みの生活ができないと「みじめ」という感覚が強い。戦後日本は高度成長期を経て「豊かな社会」に突入した。家電製品を揃え自家用車を買おうと思えば買える生活を送らなければ、自分が「みじめ」に思えてしまう状況になった。それに「子ども」がからむとその心理は一層強まる。

私が、一九九五年頃、子どもをもつことをためらっている女性にインタビュー調査をした時、「自分はお金がなくてもよいが、子どもには不自由な思いをさせたくない」と言われた。食べるものに不自由しなくても、テレビゲームなどの玩具やお稽古《けいこ》ごと、スポーツ教室にはお金がかかる。友達がもっていたり、通っているのに、自分の家だけがお金がなくて買えない、通えないというのは、子ども以上に、親がつらいのだ。

「子どもの個室」というのも、子どもの友人関係に影響を及ぼすようになった。近年は、安全の観点から、そして、テレビゲームなどの機器が発達して、部屋で遊ぶことが多くなった。個室に友人を招待できない子どもは、いつのまにか、遊び仲間がいなくなるという事態になりかねない。へたをすれば、いじめられる原因になるかもしれないなどと思えば、親としては、子どもに人並みのお金をかけなければと思う。

いくら、子育てはお金ではないといっても、やはり、お金のせいで子どもにみじめな思いをさせたくないというのが「親心」である。子どもを人並み以上に育てたいという気持ちが、結局は少子化を進行させる大きな要因になってしまう。

一方、子どもにお金をかけられない状況になると、子育て自体を放棄してしまう、つまり、もう、子どもへの期待さえ失ってしまう例が多いのではと考えている。近年増加している児童虐待は、図らずも貧困に陥ってしまった家庭に多いというのも、この理由が大きいのではないか。

結婚や子育てをめぐる経済要因が大きいのにもかかわらず、「お金」に関しては、いままで、十分な分析が加えられてきたとはいえない。「結婚や子育てに関わる問題をお金と絡めて論じることはいけない」という意識が、冷静な分析を妨げてきたのではないだろうか。

私は、一九九四年頃から、日本では、収入の低い男性が結婚しにくいという事実を何度も指摘してきたし、単行本（『結婚の社会学』）にも書いてきた（実態に関しては、6章参照）。この事実を公表しようとすると、様々なところからストップがかかった。新聞では表現を和らげるよう求められた（例えば、収入が低い→経済的に恵まれない）。自治体はこの事実を軒並み隠そうとし、削除を求めたり、有無を言わせず報告書から削除した自治体もあった。理由は、この事実を公表すると、低収入の男性はますます結婚できなくなり、差別を助長するというものであった。政府の研究会でも、多くの委員の方は理解してくれたが、ある官僚に「大学の先生はいいな、私が山田君のようなことを発言したら首が飛ぶよ」と言われてしまった。

そこまでして、この事実を隠すこともあるまいと思うのだが、これは、「結婚は愛情が高まってするものであり、お金のことを考えてはいけない」という神話を守ろうとする圧力と、現実に若年男性の収入格差が拡大し始めているという事実を認めたくないという圧力によるものだろう。しかし、この事実を認めなかったために、少子化対策が一〇年遅れたと私は思っているのだが。

少子化のタブー③　セックスの変化を語り、分析すること

最後に、もう一つ、少子化を論じる際にタブーとされてきたものを取り上げなければいけない。それは、「セックス」である。正確に言えば、セックスのあり方の変化である。

人工授精や体外受精のような例外を除けば、子どもは「セックス」の結果生じる。

少子化を論じる多くの人は、セックスに関して、次のような前提を置いている。「生殖年齢の夫婦であればセックスをするはずであり、夫婦以外のセックスは無視してよいほど少ない」。

この仮定は、確かに、戦後から高度成長期にかけては、ある程度の妥当性をもったかもしれない。しかし、どの時代でもというわけではない。

戦前は、いわゆる一夫多妻的慣習もあったので、結婚外でセックスを行って子どもが生まれる割合が高かった。いわゆる非嫡出子率（結婚している夫婦以外から生まれる子どもの割合）は、明治時代以降、全体の五〜八％の割合で推移していた。富裕層の男性が、正式な妻以外の女性を世話して子どもをつくったからである。明治政府も、「庶子《しょし》」というカテゴリーをつくり、その法的立場（財産相続権、家を継ぐ権利など）を保護した（ちなみに、現在でも一夫多妻制が公に認められているいくつかのイスラム教諸国では、あぶれる男性が出てくるので、未婚男性比率や男性の平均初婚年齢が高い。日本でも、戦前は、男性の平均初婚年齢が高かったのもこの理由だと思われる）。

戦後、一夫一婦制が定着し、また、進学率も高まり、婚外交渉が少なくなり、非嫡出子率が低下した。しかし、一九八〇年頃から様相が変化してくる。男女交際の自由化が起こり、婚前、婚外のセックス関係が増大した（この点は、７章で詳述する）。また、「セックスレス」という言葉が定着したように、夫婦であるからといってセックスするとは限らなくなっており、セックスレスが広がっていることを示す調査データもでてきた。この点を考慮に入れた分析を行わなくては、日本の少子化の要因や対策が「空回り」する恐れがある。

2　戦後日本社会と少子化

少子化の時代的変遷

少子化は、社会の発展の中で捉える必要がある。経済力や魅力のあり方、そしてセックスのあり方がどのように変化してきたかをたどる中で、結婚や子どもの出生の動向を捉える必要がある。

戦後日本の合計特殊出生率や平均初婚年齢などの年次変化を検討すると(表3−1)、時代的に五つの時期に区分することが適当である。

⓪一九四五〜五〇年　戦後の混乱からベビーブームによる出産ラッシュが生じた
①一九五〇〜五五年　急速な少産化が生じた
②一九五五〜七五年　結婚、出産が安定していた
③一九七五〜九五年　緩やかな未婚化が生じた
④一九九五〜現在　未婚化が急激に進むとともに、夫婦の子ども数の低下が生じた

⓪の時期は、親としては一九二五年生まれまでの層が該当する。戦中の「産めよ殖《ふ》やせよ政策」の名残があり、戦争終結によって、大量の若年男性が日本本土に戻り、その結果、一九四七年から大量の出産ブームが起きた。政府は今とは逆に、出産抑制政策をとることを迫られたのである。

①の時期は、一九二五〜三〇年生まれが該当する。戦前の多産少死の時期から、少産少死の時期への移行期とみなすことができる。この時期には、合計特殊出生率の急速な低下が見られるだけでなく、離婚率の低下、非嫡出子率の低下も同時に見られた。1章で述べたように、二五歳頃に結婚、平均子ども数が二、三人という「戦後出生モデル」が定着する過程での移行期と考えられる。

②の時期は、一九三〇〜五〇年生まれが該当し、戦後出生モデルの安定期ということができる。この時期は団塊の世代を含むところに特徴がある。この頃の若者は、男女ともほとんどが二〇代半ばに結婚し、三〇歳までに二、三人子どもを産み育てるという戦後出生モデルが定着し、実現した世代である。

③の時期は、一九五〇〜七〇年生まれが該当し、戦後出生モデ

表 3-1　出生動向の変化

年	平均初婚年齢（歳）		当時 25–30 歳の未婚率（%）		合計特殊出生率
	男性	女性	男性	女性	
1950	25.9	23.0	34.5	15.2	3.65
1955	26.6	23.8	41.0	20.6	2.37
1975	27.8	25.0	48.3	20.9	1.91
1995	29.8	27.3	66.9	48.0	1.64
2005	29.8	28.0	71.4	59.0	1.26

ルのゆらぎ期ということができる。平均初婚年齢が上昇し、晩婚化傾向が強まっていく時期である。しかし、結婚した夫婦が二人から三人産むという傾向は変化していない。

④の時期は、一九七〇年生まれ以降が該当し、戦後出生モデルの解体期、家族格差の拡大期ということができる(団塊ジュニア世代を含み、二〇〇七年で三七歳以下の層である)。晩婚化傾向が加速するとともに、一生涯結婚しない人の割合が上昇する時期である。その上、結婚した夫婦の子ども数の減少も始まる。

経済と恋愛の転回点

つまり、出生動向から区分すると、戦後の混乱が収まった一九五〇年以降には、一九五五年、一九七五年、一九九五年頃に戦後日本社会の「転回点」があるということになる。これは、経済状況から見た転回点、および、恋愛状況から見た転回点と符合する。まず、一九五六年は、『国民生活白書』で「もはや戦後ではない」と宣言された年であり、経済の高度成長の開始の年であった。

ニクソン大統領によるいわゆるドルショックが一九七一年、中東戦争によるオイルショックが一九七三年に起き、日本経済の高度成長が終焉した。一九七四年には戦後初のマイナス成長となった。一九七五年は、その影響が結婚や出生などの家族現象に現れ始めた年であると考える（家族現象は経済現象とはタイムラグがあることに注意）。

いわゆるバブル経済がはじけ、平成不況とか失われた一〇年と呼ばれるのが一九九〇年代である。ただ、一九九〇年代前半は、不況であっても、経済制度が大きく変わったわけではなかった。一九九〇年代後半から、ＩＴ化やグローバル化が進む一方、一九九七年の金融危機によって「雇用」のあり方が根本的に変化すると同時に、女性の職場進出が本格化した。私は、一九九八年に、自殺者数が急上昇し、児童虐待、生活保護率、失業率、そしてフリーター数などが上昇に転じるので、一九九八年問題という言葉を使ったことがある。ただ、その背景要因は、一九九〇年代後半から始まっていると考え、一九九五年を一つのメルクマールとした。

表 3-2　戦後日本の転回点

	経済状況	恋愛状況
①1950-55	経済の復興期	恋愛結婚の創設期
1956 「もはや戦後ではない」		
②1955-75	経済の高度成長期	恋愛結婚の普及期
1973 オイルショック		
③1975-95	経済の低成長期	恋愛の自由化期
1997 金融危機		
④1995-	経済の構造転換期	恋愛格差拡大期

そして、これらの経済構造の転換は、恋愛状況の転換と私が考えるものに、ほぼ一致するのである。一九五五年までは、恋愛結婚の創設期というべき状況で、まだ、見合い、それも、親の取り決めに従って結婚した人が多かった。一九五五年頃から、いわゆる恋愛結婚が増大し、見合いの割合が減少する。

しかし、この頃はまだ、男女はつき合ったら結婚すべきとの意識が強かった。そして、一九七五年頃から、恋愛の自由化が始まり、恋愛と結婚が結びつかない状況が出現する。そして、一九九五年頃から恋愛機会が更に増大するとともに、恋愛の格差拡大とも言うべき状況、つまり、恋愛できる人とできない人の二極分化の傾向が生じてくる。

以上を整理すれば、表3-2のようになる。

経済状況と結婚、出産との関係を次の三つの章で、そして恋愛状況と結婚、出産との関係を7章で詳しく見ていくことにする。

第4章　生活期待と収入の見通し

1　子どもを産み育てる経済的条件

結婚、出産を規定する経済要因

まず、結婚、出産の「経済的」規定要因とは何かを整理しておこう。
表4−1は、若者が「意図的に」結婚、出産を行う場合の経済的規定要因を整理したものである(これは、結婚や出産が夫婦にとって概ねコントロール可能であるという前提に基づいている)。

通常、結婚し、子どもをもちたいと思っている若者は「結婚生活、子育て生活には、これだけの水準を求めたい」という希望がある。この水準を「結婚生活、子育てへの期待水準」と呼び、Aとする。そして、自分と配偶者二人で将来稼ぎ出せると思われる所得水準の将来見通しをBとする。

もし、AがBを上回れば、結婚や出産を控えようとするし、BがAを上回れば、結婚や出産

表 4-1　若者の結婚・出産行動規定要因

A：結婚生活・子育てへの期待水準
B：二人が将来稼ぎ出せる所得水準の将来見通し

A＞Bのとき	結婚・出産を抑制
A＜Bのとき	結婚・出産を促進

(親同居が多い社会では，親との同居や親の生活水準がAに大きく影響する．性別役割分業の下では，「若者男性の仕事状況」がBに大きく影響する)

をしようとする。もちろん、個々人を見れば、いくら収入の見通しがあっても相手がなかなかみつからなかったり、子どもができなかったりする人もいる。逆に、収入の見通しがないのに結婚や出産に踏み切る「楽観論者」もいるに違いない。しかし、日本人の若者全体というマクロな視点で見れば、「期待水準」と「収入見通し」のバランスが出生力をほぼ規定すると仮定できる(これは、もともとイースタリンという人口学者が唱えたもので、相対所得仮説、また、イースタリン仮説ともいう。ただ、イースタリンは、規模が大きい世代は経済的に不利であるというような形で人口構造の循環によって説明した)。

結婚生活、子育てへの期待水準の規定要因

まず、「結婚生活、子育てへの期待水準」は何によって決まるのであろうか。「人並み」という意味では、同時代に平均的とされる生活水準、子どもへのお金のかけ方であるが、その「人並み」の結婚生活、子育て水準はどのようにして決まるのだろうか。常識的に考え、次の二つの仮定をおきたい。

一つは、結婚生活が独身時代に送っている生活水準を下回ることは避けたいという心理が働

くことである。いくら好きな相手と暮らせるからといっても、独身時代に比べて生活水準が大きく下がってしまったら「みじめ」に思うだろう。一時的に下がったとしても、いずれは回復して、独身時代より豊かになるという期待がなければ、なかなか結婚に踏み切れないだろう。すると、「独身時代の生活水準」が一つの基準になる。つまり、独身時代の生活水準が低ければ結婚を促進するだろうし、独身時代の生活水準が高ければ結婚を抑制するという仮定をおいてもかまわないだろう。

もう一つは、自分の子どもを育てる時には、自分が親に育てられた環境と同程度かそれ以上のものを用意したいという心理である。自分が子どもの頃にはお稽古ごとやスポーツ教室に通っていたのに、自分の子どもを通わすお金がないというのは、避けたいだろう。自分が個室で育ったのに、自分の子どもには個室を与える余裕がないというのでは親としていたたまれない。3章で述べたように、日本社会は「子どものため意識」が強い国である。「人並みかつ自分がかけられた以上に子どもにお金をかけられなければ、子育てとしては失敗である」という意識が強く働くのだ。

更に、日本の特徴的要因を言えば、学卒後の親との同居が一般的であるということが大きな影響を与える。つまり、独身者といっても、一人暮らしの独身者もいれば、親と同居している独身者もいる。裕福な親元で生活している独身者（つまり、私の言うパラサイト・シングル）は、結婚生活、子育てに期待する生活水準が高くなることが予想される。つまり、親との同別居率や親の経済状況が、結婚生活、子育てに期待する生活水準に影響し、それが、結婚や子育て行動を左右してしまうのだ。

収入の将来見通しの規定要因

次に、収入の将来見通しの規定要因に移ろう。

「一人食っていくぶんにはなんとかなる」というフレーズがある。確かに、戦後日本社会では、健康であるなら、低収入であっても一人で生活することは可能であり、貧しくても心理的な痛みを感じることは少なかっただろう。

また、結婚当初、または、子どもが生まれた当初は収入が少なくても、将来収入が増大して、人並みの生活が送れ、教育費など子どもに人並みのお金をかけることが期待できるなら、一時的なこととして耐えることはできるだろう。あくまで、将来の収入の見通しが一番の関心事になる。もちろん、結婚当初から収入が高く、よい生活ができるのにこしたことはないだろうが。

産業化以前の変化があまりない社会では、「家業」があって、家業が継続する限り、一定の生活が保てるという見通しがもてた。日本も、一九五〇年頃までは、基本的に家業中心社会であったので、子ども数が多かったのだ。

表 4-2　戦後日本と結婚・出産の規定要因

	結婚生活，子育てへの期待水準(A)		収入の将来見通し(B)
①　1950-55 (1925-30 年生まれ)	低い	<	不確か？
②　1955-75 (1930-50 年生まれ世代)	上昇	≒	上昇
③　1975-95 (1950-70 年生まれ世代)	上昇	>	伸び鈍化
④　1995-現在 (1970 年生まれ以降)	高止まり	>	不安定化、二極化

産業社会になると、二つのことが生じた。一つは、職業選択の自由であり、若者は、親の職業を継がずに、自由に職業を選択することが可能になった。一部の若者は親の家業を継ぐが、多くの若者(男性)は、企業等に就職し、サラリーマンとなった。もう一つは、性別役割分業の定着である。ほとんどの女性は結婚後に主婦となり、基本的には、男性の収入に経済生活を依存するシステムが出現した。これは、日本においては、近年、少なくとも一九九〇年代半ばまでは、「実態」としても「意識」としても大きく変化していない。

戦後日本社会において、結婚後の生活水準は、若年男性の収入にかかっており、将来生活は、一家の稼ぎ手である男性が就いている職業の見通しにかかっている。

以上の視点から、戦後日本社会の結婚、子育ての状況を見ていくと表4-2のようになる(家業継承の意識が強かった一九五〇年までの状況は除くことにする)。

一九五五〜七五年の経済の高度成長期には、結婚生活、子育てへの期待水準が低く、一方、若年男性の収入は、安定して増大する見通しがあった。つまり、「生活期待水準＜収入の将来見通し」だったのである。だから、多くの若者は、早く結婚して、女性は主婦になり、二、三人の子どもを産み育てることが可能だったのだ。

一九七五年から、社会が豊かになり、結婚生活、子育てへの期待水準が高まる。一方で、オイルショック後の経済の構造転換により、終身雇用制は維持されたものの、若者の収入上昇の伸びが鈍る。一方、農業などの自営業が徐々に衰退する。その結果、「生活期待水準＞収入の将来見通し」となり、徐々に晩婚化が起こり、結果的に出生率が低下し始める。

一九九〇年代後半になると、若者の経済状況は更に悪化する。男性でも非正規雇用者が増え、増大どころか、安定した収入が期待できない人が増大する。つまり、「生活期待水準≫収入の将来見通し」となり、少子化傾向が更に悪化する結果となる。

各年代について、詳しく見ていこう。

2　高度成長期の安定出生率——一九五五～七五年

ベビーブーム——きょうだい四人時代

いわゆる戦後のベビーブームは、一九四七～四九年である。毎年約二五〇万人が生まれ、この世代がいわゆる「団塊」の世代として、戦後日本社会をリードする層となる。

この時代に、子どもを産んだ人々の中心は、一九二〇〜二五年生まれで、多くは農業などの「家業」の跡継ぎであった。男性は戦死した人も多く、「女余り」の時代であった(男性の生涯未婚率に比べ、女性の生涯未婚率が高い世代である)。戦争中の産み控えの反動で、出産数は多くなった。それだけではなく、戦前から戦中にかけての「産めよ殖やせよ政策」の名残で、子どもを多くもつことが当然とされた最後の世代である。合計特殊出生率が四を超えていたということは、平均四人の子どもをもつ世代であった(つまり、団塊の世代は平均四人きょうだいである)。

自営業では、「子ども」は労働力であった。小学生でも、農繁期には農作業を手伝わされたのである。それゆえ、子どもは多いほどよいとされた。ただ、その中で、長男が跡継ぎとして自営業を引き継ぎ、次男以下は原則家を離れ、外で職をみつけ、娘は将来の嫁候補として育てられた。嫁も自営業にとって貴重な労働力とみなされた。

一九五〇年代前半、出生率の急低下

一九五〇年から五五年にかけて出生率が急低下する。戦後の食糧難もあり、この時期に官民挙げて「人口抑制」運動がとられた。保健婦(当時の呼称)などは、避妊具の普及に全国をかけ

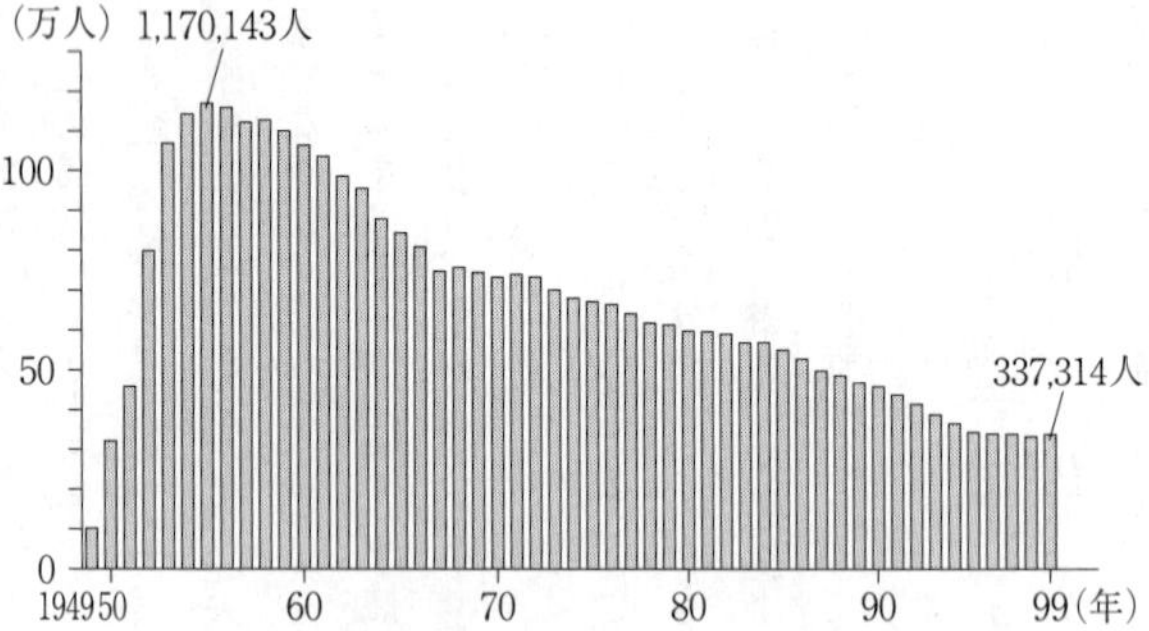

注：1972年以前は沖縄県を含まない
出典：『衛生年報』,『母体保護統計報告』厚生省統計情報部

図4-1　人工妊娠中絶数の推移

まわった。一九四九年に優生保護法が改正され、堕胎条件に「経済的理由」が加わり、その結果、人工妊娠中絶数が五年間で急増する(図4-1)。一九五〇年代後半には年間一〇〇万件以上の堕胎がなされていたのだ。これは、妊娠数の三分の一以上を占めていた。当時の人口妊娠中絶は、現在と違って、既婚者が受けるのがほとんどだった。三人目、四人目の妊娠を、経済的理由で中絶していたのが実情である。もちろん、子どもが多いと食べるものにも事欠くという理由ではない。何よりも、「子どもを少なく産んで大事に育てる」という意識、そして、「家族生活を豊かにする」という意識が急速に普及したのがこの時期で、その結果、少産化が起こったのである。

　アメリカの占領軍の様子や映画、始まったばかりのテレビ放送などによって、アメリカ中流階級の豊かな生活の姿が知られるようになった。一九六〇年代に放映された「パパは何でも知っている」「ルーシーショー」などでは、父親は車で帰宅し、エプロン姿の母親が迎え、広いダイニングキッチンで食事、ソファのあるリビングで手製のクッキーをつまみながら、一家揃って話をするという生活が映し出されていた。

当時の日本は、サラリーマン家庭はまだ少なかったし、多くの家では、狭い家にちゃぶ台でごはんを食べており、現代の水準から考えれば、それほど快適とはいえなかったろう。それゆえ、アメリカのような豊かな生活は、「あこがれ」であった。そのあこがれの生活に少しでも近づくために、「子ども数」が絞られたのである。

この時期、理想子ども数が急低下するのもこのような理由からである。

高度成長期

一九五五年から始まる高度成長期の家族のあり方を一言で言えば、「夫は仕事、妻は家事で豊かな生活を築く」というものである。これが当時の若者の目標であり、多くの人がそれを実現させた時代であった。

この時期、平均初婚年齢、合計特殊出生率は極めて安定していた。平均が安定していただけでなく、そのばらつきも小さかった。ほとんどの男性は二七歳前後、女性は二四歳前後に結婚し、女性は三〇歳までに二人から三人の子どもを産み育てた時代である。この世代は、概ね、一九三〇年から五〇年生まれ（昭和一桁から団塊の世代まで）である。

この時期には、前節で考察した結婚や子育てに関する経済条件がうまくマッチしていたと考えられる。それは、「結婚生活、子育てへの期待水準」が低い一方、「夫婦で稼ぎ出せる収入の将来見通し」が高かったからである。

結婚前の生活が豊かでなかった

前に述べた通り、結婚生活に期待する生活水準には、独身時代の生活水準が影響する。そして、戦後から一九七〇年頃までは、結婚前の生活水準が高くはなかった。それは、①親世代が豊かでなかった、②きょうだい数が多かった、③一人暮らし率が高かった、という三つの要因が影響していたからである。

高度成長期に成人を迎える一九三〇〜五〇年生まれの人の多くは、地方で農業などの自営業を営む親の元で育った。戦後の農地改革で多少生活にゆとりはできたとしても、生活水準は低かった。親と同居していれば、農作業など家業を手伝うのは当然であった。たとえ、東京など都会出身であっても、戦災で多くは資産を失い、家屋も狭かった。

そして、親と同居していれば、自分が外で働いていたとしても、その収入は、自由に使えるものではなかった。家業を営んでいる家は、家業と家業外で得た収入を合算して、家の収入とし、そこから、各自が小遣いをもらうのが一般的である。子であろうが、それは変わりはなかった。親自身の生活が豊かでなければ、同居して外で収入を得ていても自分で自由にお金を使うというわけにはいかなかった。女性も、よほどの富裕層でなければ、家業や家事の手伝い、とりわけ、きょうだいの面倒をみさせられたのである。

そして、一九五〇年生まれの世代までは、きょうだい数が平均四人であるため、居住環境もよくはなかった。都会では、成人後も、個室どころか、親と一緒の部屋に寝るということも多かった。居室と寝室が別という西欧式住宅モデルが普及する前である。つまり、親と同居していれば、経済的にも時間的にもプライバシーを確保できなかったのである。

そして、学業や仕事の都合で、中卒や高卒後に、親の家を離れて一人暮らしをする若者も多かった。集団就職といって、地方から都会に就職のため、中卒、高卒の男女が大量に移動した。きょうだい四人世代なので、親元に子ども一人は残れたものの、他は、就職機会を求めて都会に出ざるを得なかった。親が都会に住んでいるものも、居住条件が悪いため、一人暮らしをするケースも多かった。今とは逆に、現金収入が乏しい農家の親に対して仕送りをすることも行われていた（出稼ぎと同じパターンである）。

そして、当然ながら、都会の一人暮らしの若者の生活水準は低かった。プライバシーのない寮（これも相部屋が多かった）や下宿、アパートも共同トイレ、風呂なしが一般的であった（一九七〇年代までは、親元を離れた学生の大多数も風呂なしアパートに住んでいた)。男性の一人暮らしが多かった地区では、銭湯はもちろん、朝食も提供する大衆食堂があるのが一般的であった。豊かでない「一人暮らし」が多かったのである。

独身時代の生活水準が低ければ、結婚生活に期待する生活水準も低くなる。少なくとも、結婚による経済生活上のデメリットはほとんどなかった時代なのだ。

もちろん、高度成長期といっても、一九五五年頃の状況と一九七五年頃の状況は同じではない。一九五〇年代には中卒の若者が大量に都会に流入していたのに対して、一九七〇年になる頃には、高校進学率は九割を超え、集団就職という言葉もなくなった。また、戦後、サラリーマン家庭で育った若者も成長してくる。一九五五年頃には、新婚生活を始めるのに六畳一間の風呂なしアパートで、電気炊飯器とラジオ以外の家電製品がなくても普通に思えたかもしれないが、一九七五年になると、ダイニングキッチンがあって、カラーテレビがあって当たり前という生活になった。この時期でも、経済の高度成長に従って、結婚生活に期待する生活水準は上昇していたのである。しかし、その期待以上に、若者の収入も増大していったのだ。

低かった子育てへの期待水準

現在では、「子育てにお金がかかる」というのは常識になっている。既婚者が子どもを産まない理由として一番に挙げるのは、教育費にお金がかかるというものである。正確に言えば、親がお金をかけざるを得ないからである。

子どもにどの程度お金をかける(主観的にはかかる)かに関しては、時代的制約を受ける。それは、自分が育った以上の環境で育てたいという意識、それに、まわりの多くの親がかけているのと同じ程度はかけたいという意識が働くからである。

高度成長期に親になった世代(一九三〇～五〇年生まれ)の多くは、自分が子どもだった頃は、ほとんどお金をかけてもらえなかった。一九四〇年生まれまでの人々は、昭和恐慌から戦争時代に子ども時代を送った人である。物資不足で食べるだけでせいいっぱいの時代だった。戦中、戦後生まれでも団塊の世代までは、勉強をしろと言われるよりも、家業や家事を手伝えと言われた人の方が多いのではないか。戦後復興期には、子どもにお金をかけたくても、かけられない時代だったのだ。

話を単純化するために、「学校教育」を例にとろう。団塊の世代までは、学歴は相当低かった。一九三五～三九年生まれのうち、男性で中卒は三六%(大卒一五%)であった。団塊世代を含む一九四五～四九年生まれでも、中卒は二一%になる。四年生大学進学率は、男性でも二三%、女性は六%である(二〇〇〇年時点での国勢調査による)。

すると、高度成長期に親になった世代は、自分の学歴が低いので、子どもに自分以上の学歴をつけさせることは容易になる。高度成長期は学歴の成長期でもあったのだ。特に、人数の多い団塊の世代が卒業した後は、大学進学率が急上昇した。

また、お稽古ごとや塾に関しても、高度成長期に親になった世代で通った経験をもつものは少数派だった。だから、自分の子どもを通わせるだけで、「子育て水準の上昇」つまり、自分はお金をかけて子育てができていると思えたのである。

若年男性の将来収入見通しの安定と上昇

ここまで、当時の若者の「結婚生活、子育てへの期待水準」が低かったことを論じてきた。次に、若者が稼ぎ出す「所得の将来見通し」を考察していこう。

一九五五年頃から始まる経済の高度成長によって、若者が結婚生活や子育て生活を送る上での経済的障害は、ほとんどなくなった。それは、ほとんど全ての若年男性の収入が上がり続けたからである。結婚して二人で生活をスタートさせ、夫は仕事を真面目にこなしていれば収入が上がる。上がった収入で家電製品を買い揃え、頭金を貯めて、アパートからマンション、一戸建てへと住み替え、子どもの個室を用意し、子どもに高等教育を受けさせることができた。

男性の収入が安定し、しかも、上がり続けるという見通しがあったから、つまり、将来豊かな家族生活を築く見通しがあったから、当時の若者は、早く結婚し、早く子どもを産んだ。同時に、教育費や子ども部屋（これが豊かな家族のシンボルとなった）のために、子ども数を絞らざるを得なかった。子ども一人では家族らしくない。といって、四人、五人の子どもに個室を用意し、高等教育を保証するのは収入からいって無理。そこで、二、三人がスタンダードとなったのだ。二、三人なら個室は無理でも子ども部屋は用意できる、全員大学は無理にしても、ある程度の教育は可能という見通しがもてる人が多かったのだ。

特に、女性にとっては、早く結婚すればするほど、早く豊かな家族生活にたどり着く。結婚しなければ、豊かな家族生活を築くという夢が実現しない。当時は、女性に対する就職差別、昇進差別が現在以上に存在したことを忘れてはならない。女性にとって、真面目な男性なら誰でも、豊かな生活を実現する収入を稼ぐ魅力的な男性に見えたかもしれない。

一九七〇年頃に結婚した団塊世代の主婦に話を聞いたことがある。彼女は、東北地方の農家の娘で、高卒後上京し、一般職として勤めながらアパート暮らし。職場で大卒の男性と知り合って、二一歳で結婚、退職して専業主婦になり、一年後、長女を出産。彼女は、結婚して仕事を辞めたときに、「これで仕事をしなくてすむんだと思ってすごくうれしかった」と語っていた。結婚当初は、狭い社宅で、家電製品もほとんどなかった。それでも、主婦になって家事と育児だけしていればよく、毎日が楽しかったという。農作業をしながら子どもを育て家事をしていた母親や、結婚前、一人暮らしで仕事と家事の両方をする生活に比べれば、家事・育児だけしていればよい状況は、とても幸せに思えたという。夫は順調に昇進し、収入もほどほど上がり、郊外に一戸建てを買い、娘二人を大学まで行かせることができた。育った環境と結婚前の生活が豊かでないという状況、そして、夫の収入が安定して増大する見通し、この二つの条件は、彼女に限らず、この世代までの多くの人々に共通の条件だったのである(ここから私がインタビュー調査等で出会った人々のエピソードを紹介していくことが多くなる。これらの例が一般的だと主張するためというよりも、読者にその時代のイメージをもっていただきたいという思いからである)。

収入の安定・上昇の三条件

ほとんど全ての若い男性の収入が安定し、増大する見通しがもてたのにはどんな条件があったのだろうか。もちろん、年率換算で実質成長率一〇%という「経済の高度成長」というマクロ的事実があったからだが、それだけではない。それは、結婚を考察するにあたっては、「ほとんど全ての若年男性」という点が重要になるからだ。若年男性全てが、例に挙げた彼女の夫のように、大卒大企業サラリーマンではない。そうした男性は、多数派でさえない。農家や商店の跡継ぎもいれば、中卒で中小企業の従業員もいる。しかし、戦後の高度成長期には、彼らの収入の上昇もまた期待できたのである。この要因を三つ挙げよう。

まず、農業社会から工業社会へという経済の構造転換が、「若者に有利」な形で起きたということにある（この点が、現在起きている構造転換とは根本的に異なる点である）。中高年は、生産性の低い農業や自営業に留まり続けた。その一方で、新たに社会に出た若者（農家の息子である場合が多かった）は、新卒一括採用で、企業に採用された。新しく勃興した企業は、多くの労働力を必要としていた。そして、その労働力は、工場の工員にしろ、営業や事務のホワイトカラーにしろ、若年層によって担われたのである。特に、若年男性は、より生産性の高い工業やサービス業の雇用者となり、オン・ザ・ジョブ・トレーニングで生産性を高め、収入が上がる。そして、企業の成長期には、年上の年配社員が相対的に少ないため、結果的に、管理職まで昇進できたものも多かった。

第二の条件は、日本では、官僚主導の護送船団方式と言われる「業界」の保護がなされたことである。企業間の競争は制限され、比較的競争力の弱い企業も利益を上げることができた。また、多くの中小企業は、下請けや系列などに組み込まれ、製造業であろうと、流通業であろうと、一定の仕事が確保された。このことは、そこで働く（男性）労働者から見れば、どの企業に勤めても、雇用は安定し収入が増大するという見通しがもてることになる。

もちろん、男性労働者間で格差はあった。日本では、勤務先の企業規模や学歴によって、収入や昇進スピード、昇進の到達先が異なる。更に、仕事能力や運によっても、違ったろう。しかし、戦後日本の企業社会においては、「真面目に働いていれば収入は上がる」という点では、同じだったのである。そして、卒業したて、入社したての時点では、若者の収入格差は小さかった。年齢が上がるにつれて様々な格差がついていくのであるが、二〇代半ばでの収入格差は小さく、かつ、収入増加の期待は共通していた。ここが、一九九〇年代後半以降の若者が経験している「格差」と異なる状況であった。更に、労働需要が旺盛だったために、勤務先が倒産したり、転職した場合でも、「安定して増大する収入の見通し」が崩れることはほとんどなかった。

高度成長期の第三の特徴として、生産性の低い自営業が保護されたという点がある。農産物の輸入規制や米価格保証によって、小規模農家であっても、一定の収入が見込めた。小売りなど小規模な自営業も、大規模出店規制や免許制など様々な規制に守られていた。農協や業界団体の指導によって、その種類、規模や自営業者の能力にかかわらず、「収入の安定と増大」が保証されたのである。更に、農家では、出稼ぎ、後には、道路工事など公共事業の臨時雇用者になることによって、現金収入を得る道も開かれていた。都会に比べて遅れたとはいえ、地方への再配分政策によって、道路や上下水道などのインフラが整備された。同じ自営といっても、開業医から過疎地の小規模農家まで多様であり、企業雇用者以上の収入格差はあった。しかし、高度成長期には、自営業の跡継ぎの男性であっても、あるいは、新たに自営業を興した男性であっても、「収入が安定して増大する」という点では同じだったのである。

豊かな生活への道

この状況を女性の側から見てみよう。当時は、就職、昇進などに女性差別があった。実際、教員や公務員を除けば、団塊世代までの女性でフルタイムで働き続けた女性は少ない。更に、自営業の跡を継ぐという選択肢もほとんどなかった。日本では、男性が自営業の跡継ぎという慣行が強く、きょうだい四人世代なので、男きょうだいがいる確率は大変高かった。男きょうだいが結婚して嫁を迎えれば、いくら、農作業などを引き受けても、肩身の狭い思いをするのは明らかだった。また、少なくとも当時は、自営業界は男性社会であったので、美容師など一部業界を除けば、女性がこちらで自立する道も細かった。

となると、未婚のまま豊かな生活を「作り出す」道は、当時の女性にとってはほとんど閉ざされていたといってよい。

一方、自営業の跡継ぎも含めて、ほとんどの若年男性の収入は安定して増大する見通しがあった。つまり、若い「真面目に働く」男性であるなら、誰と結婚しても、そして、自分が仕事を辞めて主婦になっても、結婚前以上の生活が期待できたのである。結婚当初の生活は、今から見れば、それほど豊かではなかったかもしれない。しかし、将来徐々に豊かになる見通しがもてたのだ。それは、自営業の跡継ぎと結婚しても同じである。確かに家事・育児に農作業や店番などの手伝い、同居する親の世話などが加わったろう。それでも、努力しているうちに、今以上の生活ができ、自分の子どもは自分以上の学歴をつけることができるという期待がもてれば、子どもを産み育てることをためらう理由はなかった。

結婚、出産に希望がもてた時代

私は、よく、「希望は努力が報われると感じるときに生じる」という社会心理学者ネッセの言葉を引用する。高度成長期の若者は、結婚して、夫は仕事、妻は家事で努力すれば、今以上の生活を送ることができる、努力すれば、自分の子どもはもっと豊かになる、そのような見通しがあったからこそ、結婚時点で豊かでなくても、「希望」をもつことができた。

つまり、高度成長期には、結婚すること、そして、子どもを育てることは、希望を実現する手段、いや、希望そのものだったのだ。そして、真面目に働く男性と結婚すれば、その希望は叶えられる見通しがもてた。だから、職場などで相手が見つかれば、そのまま結婚生活に入ろうとし、見つからなければ、「バスに乗り遅れない」ためにも、見合いで結婚を急いだのだ。

その結果が、この時期に結婚適齢期を迎えた世代の生涯未婚率三％未満という驚異的な「皆婚」社会を作ったのである。

第５章　少子化はなぜ始まったのか——一九七五〜九五年

1　低成長期と経済見通しの変化

現在進行中の日本の少子化は、一九七五年頃から始まる。これは、経済的に見れば、「若者が結婚に期待する生活水準が高まり続ける」一方で、「若年男性が生涯稼ぎ出す収入見通し」が頭打ちになったことによってもたらされた。一言で言えば、少子化は、「若年男性一人の収入では、豊かな家族生活を築くのは無理になった」という事実への「日本的対応」の結果生じたものである。つまり、この時期「結婚生活、子育てに期待する生活水準」＞「若者が稼げる収入見通し」が進行したのである。

この点を詳しく考察してみよう。

晩婚化、未婚化の開始

約二〇年間、安定していた合計特殊出生率の低下が始まるのは、一九七五年頃である。一九

表5-1　子ども数構成の変化(%)

調査年次	0人	1人	2人	3人	4人以上	完結出生児数(人)
1977	3.0	11.0	57.0	23.8	5.1	2.19
1982	3.1	9.1	55.4	27.4	5.0	2.23
1987	2.7	9.6	57.8	25.9	3.9	2.19
1992	3.1	9.3	56.4	26.5	4.8	2.21
1997	3.7	9.8	53.6	27.9	5.0	2.21
2002	3.4	8.9	53.2	30.2	4.2	2.23
2005	5.6	11.7	56.0	22.4	4.3	2.09

出典：『結婚と出産に関する全国調査』
国立社会保障・人口問題研究所

七五年には二・〇であったものが、一九八五年には一・七六、一九九五年には一・四二まで低下し、二〇〇五年には一・二六となる。平均すれば、四年に〇・一ずつ低下したことになる。

そして、一九七五〜九五年頃までは、出生率の直接の低下は、晩婚化と未婚化、つまり、結婚が遅くなり、また、結婚する人が減ったことによってもたらされたことが、統計で確かめられている。

戦後日本では、未婚の出生が極めて少ない。「非嫡出子率」、つまり、結婚していない女性から生まれた子どもは、戦後を通じて低下し、一九七五年には、一%を切る(戦前は、一夫多妻的慣習があったので、五〜八%で推移していた)。その後、多少上昇したが、二〇〇五年時点でも、二%程度である。つまり、結婚が出生の前提になっている。それゆえ、晩婚化、未婚化は、出生率の減少に直接結びつく。

この時期(一九七五〜九五年)に結婚した夫婦一組が産み育てた平均子ども数は、高度成長期と同じであった。二二ページの図1-3を見ても分かるように、結婚後一五〜一九年経った夫婦がもった子ども数は、一九七二年から二〇〇二年まで、ほぼ二・二前後で極めて安定していた。結婚後一五年から一九年経った女性とは、四〇～四四歳に相当し、子どもを産み終える年齢とみてよい。この時期の親とは、だいたい一九三〇年生まれから一九六〇年生まれであり、一九五三年から一九八七年にかけて結婚し、一九九五年頃までには子どもを産み終えていた人たちである。

一九八〇年代後半に結婚した年齢層から、夫婦一組あたりの子ども数の減少が始まる。子ども数の構成を見ると、子どものいない夫婦、一人だけの夫婦が増え、三人が大きく減っている。この層は、一九八〇年代後半に産み始めたが、一九九〇年代後半にも、出産年齢が重なる。私は、一九九〇年代後半に日本社会に大きな変化が生じたと主張しているが、まさに、一九九〇年代後半の日本社会の変化に巻き込まれたがゆえに、二人目、三人目の産み控えが始まったと判断している（表5―1）。これは、次章で詳しく述べる。

晩婚化と未婚化の進行

一九七五年から晩婚化、そして、未婚化が進行した。これが、一九九五年までの少子化の直接の原因である。データを見てみよう。平均初婚年齢は、一九七五年までは、ほぼ、男性二七歳、女性二四歳で安定していたが、一九九五年には、男性二八・五歳、女性二六・三歳まで上昇

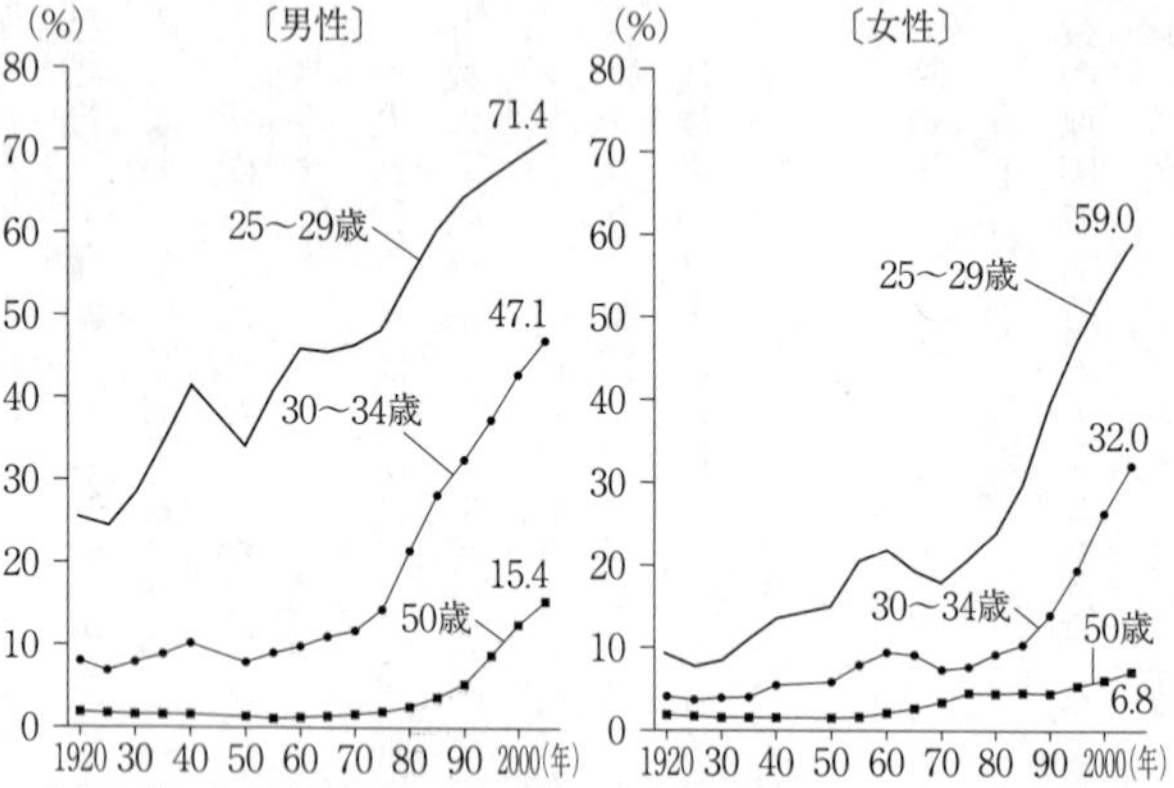

出典：『国勢調査』，『人口統計資料集』国立社会保障・人口問題研究所

図 5-1　未婚率の推移

する。二〇年間毎年〇・一歳ずつ上昇していったことになる。この傾向は、二一世紀になって加速し、二〇〇五年には、男性二九・八歳、女性二八・〇歳となる。

これは、あくまで、その年に結婚した人（再婚者を除く）の平均年齢であるので、未婚化の実態はこれでは分からない。ただ、結婚年齢が遅くなると、結果的に生涯もつ子ども数が低下することが人口学的に確かめられている。特に、女性は身体的理由によって三〇代後半からの妊娠確率は低下する。また、経済的理由、つまり、子どもが成人するまで現役で支えなければならないと考えると、高齢で子どもをもつことは、男性にとってもためらわれる理由となる。

単に、晩婚化が起こっているだけでは、少子化は深刻な問題にはならない。ほぼ全員が結婚し、その結婚年齢がただ二、三歳高まっただけであるなら、問題はない。しかし、一九七五年から始まる晩婚化は、「未婚化」を伴っている。しかも、2章で述べた通り、未婚者の中で「一生結婚したくない」人は増えていない中で、未婚者が増大しているのだ（ちなみに、一九八二年で「一生結婚するつもりはない」という独身者は、男性二・三％、女性四・一％、一九九二年では、男性四・九％、女性五・二％である）。

未婚率（結婚していない人の割合）のグラフを見てみよう（図5-1）。一九七五年までは男女とも未婚率は各年代層で安定していた。二〇代後半をとると、一九七五年から男性で、一九八〇年からは女性で未婚率の上昇が開始された。これは、男性で一九五〇年生まれ、女性で一九五五年生まれ以降の世代で、晩婚化、未婚化傾向が始まり、年代を下るにつれて強まることを意味し、それが、三〇代前半、三〇代後半と順次波及している。そして、結果的に、生涯未婚者や子どもを産むことがほとんど期待できない高年齢での結婚が増え、少子化が進行している。

つまりは、結婚を先送りしているうちに、結果的に結婚しないという人が増えている状況なのだ。この一九七五年から開始される結婚先送りの原因を考察していこう。

結婚の先送り

結婚の先送りの最大要因は、やはり「経済的理由」だと私は考えている。結婚生活や子育てに期待する生活水準が高くなり、夫婦で将来稼ぎ出せる収入の見通しの低下が生じた、それも、一九七五年以降、継続的に生じたからだと考えている。その原因は、親と同居しているという文化的要因、および、オイルショック後の若年男性の収入の伸び悩みという経済的要因が作用している。そして、その結果として私の言うパラサイト・シングル（親に基本的生活を依存し、リッチな生活を楽しむ独身者）が発生する。順に検討していこう。

豊かな親の元で育つ若者の増大

前章で見たように、戦後から高度成長期にかけては、若者の親の多くは経済的に豊かではなかった。結婚前の生活水準が低く、かつ、自分に親からかけられたお金も少なかった。だから、結婚に高い生活水準を求めたり、子どもに高いお金をかけなければという意識は薄かった。

戦後三〇年経った一九七五年には、一九五〇年生まれで、経済の高度成長期に子ども時代を送った人が結婚適齢期に達する。この世代から、晩婚化、未婚化が始まるわけである。

大きな変化は、育った地域や親の経済状況の変化である。三浦展氏の計算によると、一九四七〜四九年の三年間に、一都三県（東京、神奈川、千葉、埼玉）、大阪圏（大阪、京都、奈良、兵庫）、愛知県で生まれた子ども（つまり団塊世代）の数は、二三一万人と、全国の二九％しか占めていなかった。それが、一九七一〜七四年の四年間に、この大都市圏で生まれた子ども（団塊ジュニア世代）の数は、三九八万人、全国の四九％を占めていると集計している（三浦展『難民世代団塊世代下流化白書』）。これは都道府県レベルで見たデータであり、兵庫県など大都市と過疎地双方を抱える県では、県内の格差も大きい。

団塊世代以前の親世代の多くは地方の農村部で生活をしており、団塊世代も農村部で育った人が多い。二五年経った団塊ジュニア世代になると、親の多くは都会、都市的環境で生活するようになる。団塊世代が結婚するのが、一九七〇年前半、団塊ジュニアが結婚適齢期に入るのが、一九九五年前後である。その間の、一九七五年から九五年に結婚適齢期に入った世代は、地方生まれから都会生まれに徐々に移行していった過渡期にあるということができる。

この時期（一九七五〜九五年）に都会、特に三浦氏が強調するように大都市郊外で育った若者が成人する。親が地方から出てきて、核家族を形成し、父親はサラリーマン、母親は専業主婦（もしくはパート主婦）、ものごころついた頃から、家電製品が揃い、リビングやダイニングのある家に育ち、（きょうだい数が少ないので）子どもの時に個室を与えられていたケースも多くなる。そして、大学や専門学校などへの通学時はもちろん、学卒後就職しても、親と同居しながら通勤することが可能な若者が多くなる世代となった。

更に、地方の状況も変化を遂げる。田中角栄が首相となるのは、一九七二年であり、全国に「都会的生活の快適さ」を普及させていった。地方の農家であっても、いや、農家だからこそ、子どもの個室や自家用車があって当然という状況ができた。子どもに農業を手伝わせることは徐々に廃れ、代わりに個室で勉強することが奨励されるようになった。家にいたら農作業を手伝わされるから早く家を出たいというのは、過去のものになったのである。また、地方に工場を誘致し、公共事業を行って雇用を増やしたため、わざわざ親元を離れて都会に出る必要もなくなる。子どもも平均二人きょうだいとなり、家での居心地も格段によくなったのだ。

結婚生活に対する期待水準の上昇

そうすると、彼らが期待する、結婚生活、子育ての水準が高くなる。それは、二つの意味でそうなる。順に検討していこう。

第一は、彼ら自身の結婚前の生活水準が高くなっているからである。生活水準には、いろいろな要素がある。一つは、生活環境であり、住宅の広さと質、家電新製品の揃い具合なのである。また、レジャーや趣味に自由に使えるお金も生活水準の一要素であろう。そして、三つ目に、自由な時間も、生活の豊かさを構成する。すると、一九七〇年代後半からの親と同居する未婚者は、この三つの点で、生活水準が高くなる傾向がある。親が買った住宅やマンションは広く、個室は確保されているだろうし、家電新製品は揃っていると考えて間違いない。父親の収入で基本的生活費を負担すれば、自由に使えるお金は多くなる。そして、食事作りや掃除、洗濯などを専業主婦の母親がやってくれれば自由時間が浮く。

アメリカや北西ヨーロッパ諸国では、子どもが成人すれば、親と別に生活するのが一般的である。また、親も子どもに贅沢をさせない。小さい頃から家の手伝いをするのが当然であり、大学の学費も自己負担が原則である。学卒後、親と同居していれば、生活費を半分負担して当然という社会である。欧米の若者は、何もないところから生活をスタートさせるため、結婚生活に期待する生活水準も高くならない。

これは、日本でも一人暮らしにはあてはまる。ただ、日本の親から離れて一人暮らしする未婚者は、学生でなくても、親から仕送りを受けているケースがあり、これも、「パラサイト・シングル」の一種とも言えなくもない（北村安樹子氏はサテライトシングルと呼んだが）。

結婚前の生活水準が高くなったために、結婚後の生活水準に対する期待が高まる。それも、結婚当初の生活から高くなくてはならない。かれこれ一五年ほど前（一九九〇年頃）、私の知り合いの公務員（高卒、男性、ノンキャリア）が結婚した時のエピソードは、まさにこのことを物語っている。彼の婚約者は、新居を見た途端、「泣いてしまった」という。彼が用意した新居は、公務員宿舎。豪華宿舎が非難されるご時世だが、三〇歳、平の公務員が入居できる宿舎はそれほど広くはないし、築年数も経っている。一九七〇年代なら、結婚して公務員宿舎から新婚生活をスタートできるなんて、家賃が安くてうらやましいと思われたものである。しかし、当時はバブルの真っ盛り、トレンディ・ドラマでおしゃれな都会生活がテレビで流されていた。結婚相手は、都会育ちのパラサイト・シングルで、結婚前は郊外の一戸建てに親と同居しており、広いリビングにはソファも置け、庭もあり、犬も飼え、エアコンで快適な生活をしていたという。一方、公務員宿舎は、ソファも置けない、犬も飼えない、設備も貧弱。結婚して、おしゃれな新婚生活を夢見ていた彼女は、なんて惨めなのと泣いてしまったという。このケースは、悲しみながらも新生活をスタートさせたからよいものの、私の直接調査した例ではないので真偽は分からないが、公務員宿舎に入ると言ったら婚約を破棄されたキャリア公務員がいるという話を聞いたことがある。

また、二〇〇〇年に、若者調査をしていた時、ある三〇代前半の未婚女性(高卒、親同居、契約社員)に、結婚生活に対する希望を聞いたら、年に一度は、海外旅行に連れて行ってくれる人と言われた。学校卒業後(バブル経済期である)、年に三回以上海外に行く習慣がついていて、今更、この習慣を崩せないと言う。彼女に言わせると、年一回でも「妥協」なのだそうだ。

独身時代の生活水準が「親との同居」によって高くなっていることが、結婚を抑制させる一因となっているのだ。

子育てに対する期待水準の上昇

パラサイト・シングル現象が、結婚生活、子育てに対する期待水準を高める第二の理由を示そう。

今取り上げたケースのように、結婚前以上の生活ができなければ結婚したくないという意識には、「贅沢だ」と思われる方も多いかもしれない。しかし、「子ども」のことになると、「贅沢」とは言っていられなくなるのではないだろうか。

3章でも述べたが、日本では、「子どものために」という意識が強い。自分が育った以上の環境を子どもに用意できなかったら、子どもは産まないし、そもそも結婚したくないと多くの人は考える。自分にかけられた以上のお金を自分の子どもにかけたいという意識である。すると、次のようなケースも出てくる。

一九九〇年代後半、ある未婚の非正規雇用の女性（二〇代前半、親同居、音楽大学卒、大手ピアノ教室の時間講師）に、結婚の条件を聞いた。彼女は、結婚しても、自分の生活が豊かでなくてもかまわないという。しかし、子どもには、お金をかけてあげたい。彼女は、小さい頃からピアノを習い、音楽大学まで行かせてもらった（今では、音大を出ても、皆が演奏家になれるはずもなく、時給一二〇〇円程度のピアノ教室講師というのが多数派になっている）。親が自分の音楽にかけた費用だけで総計二〇〇〇万円をくだらないという。だから、自分の子どもには、自分以上のお金をかけてピアノを習わせたい、だから、その費用を負担できるような収入を稼

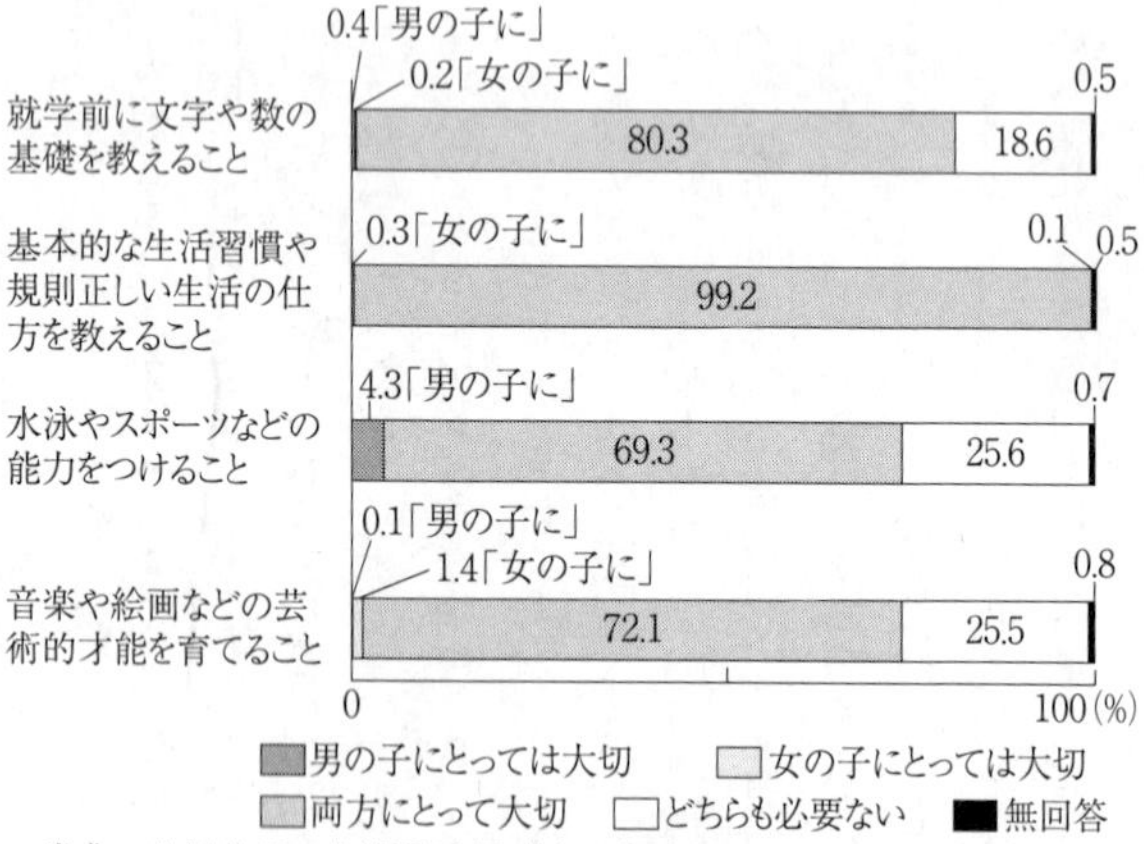

出典：目黒依子・矢澤澄子編『少子化時代のジェンダーと母親意識』2000年

図5-2　幼児教育の必要性についての意見

ぐ「夫」でなければ結婚しない、と。

高度成長期から、多くの親にとって子どもにお金をかけて育てることが可能になる。特に都会でサラリーマン＝専業主婦化した親たちは、自分の子どもに学歴や教養をつけさせようと、塾やお稽古ごとに通わせるのが一般的となった。そして、日本では、「子どものために」、いや、「子どもに惨めな思いをさせたくないために」、子どもにできるだけよい物質的環境を与え教育を受けさせようとする傾向をもたらした。その結果、教育費を親が負担するのが一般的となり、進学熱が高まる。親がいくらでもお金を出す以上、私立大学を設立すれば、学生が集まるという時代になったのだ。

その結果、この時期（一九七五～九五年）の大学進学率はたいへん高まる。その間、国立大学授業料は一〇倍以上になったにもかかわらずである。団塊の世代までは、まだ、大学進学率は低かった。進学率が高まるのは、一九五〇年生まれ以降一九七〇年生まれの世代までである（人口が相対的に少ない世代でもあった）。この時期から、塾を含めた教育費は、親が負担して当然、という意識が強まってくる。

図５-２を見てみよう。これは、私が加わった母親意識の調査の結果であるが、性別に関係なく、子どもにお金をかけなければという意識が読みとれる。

子ども時代にお金をかけられて育った人は、当然、自分の子どもにも、自分以上のお金をかけることを「期待」する。つまり、自分にかけられたお金の額が、自分の子どもにかけるお金の水準を規定する。一九七五年頃から結婚適齢期を迎える若者（一九五〇年生まれ以降）は、教育費にしろ、お稽古ごとにしろ、日常的な生活状況にしろ、お金をかけられて育った人が増えてくる。それに連動して、彼らの「子育て生活に期待する水準」が上昇するのである。

オイルショック後の低成長

一九七五年以降、つまり、ポスト団塊世代が結婚適齢期を迎えるにしたがって、「結婚生活、子育てへの期待水準」が上昇することを述べてきた。その期待水準の上昇に伴って、「若者が稼ぎ出す収入の将来見通し」も同時に上昇すれば、少子化は起きなかったはずである。

一九七一年にドルショック、一九七三年にオイルショックが起きた。円安、石油安に支えられていた日本経済は、ここで大きな転換期を迎える。一九七四年には、戦後初のマイナス成長を経験し、以降、年率三％程度の低成長時代に入る。一九八〇年代末のバブル経済の時も、五％程度の成長率だった(バブル経済は消費志向だったので、収入の上昇以上に、結婚生活に対する期待の上昇を伴っていたと考えられる)。

低成長経済への移行は、単に、ベトナム戦争によるアメリカの疲弊とか、第四次中東戦争の勃発などの偶然の外部要因がもたらしたものであるというよりも、社会・経済構造の状況変化によるものと考えるべきである。それは、農業中心の社会から、工業、サービス業社会への転換が一段落したことである。その結果、全ての若者の収入が上昇するという高度成長期の条件が失われたのだ。

一九七五年から結婚年齢の上昇や合計特殊出生率の低下が始まるというのは、示唆的である。結婚や出産の変化は、経済社会状況の変化から一、二年遅れて生じる。一九七三年のオイルショック、一九七四年のマイナス成長が、結婚や出産を抑制する方向に働き、一九七五年からその効果が現れたと考えると分かりやすい。

低成長化は、高度成長期の「若年男性の収入が増大する条件」を反転させた。

一つは、農業から工業、サービス業への産業転換が終わり、企業の中でも年配者(男性)が増える。企業の中で年功序列で賃金が高くなった年配者が多くなれば、もう若者が有利とはいえない。そして、低成長化により、年功序列賃金カーブの傾きは緩くなった（図5-3）。これは、若年男性の収入が、その父親世代に比べて低くなり、そして、将来期待できる収入

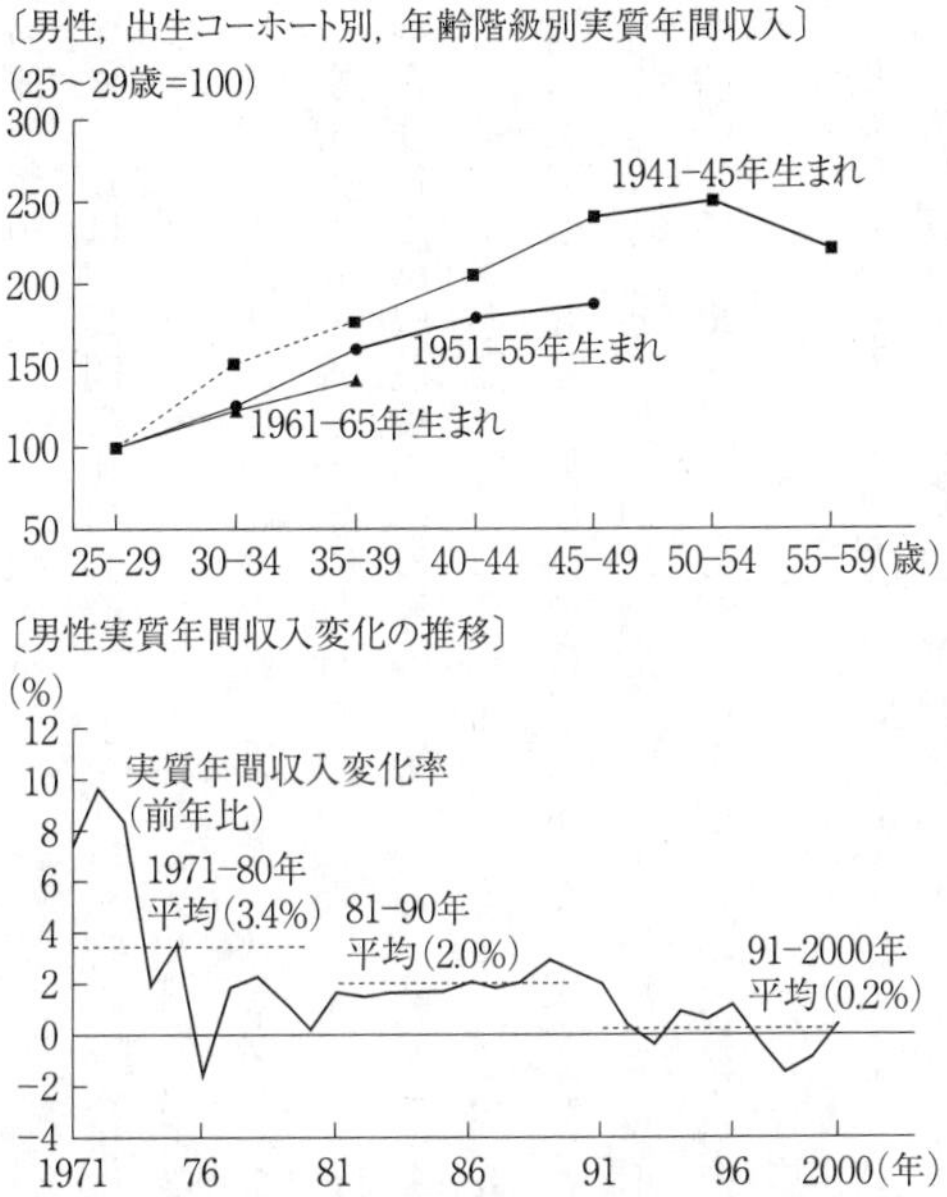

注：上は出生年代別に見た，25〜29歳時の年間収入を100とした場合の，各年齢階級における実質年間収入．上下とも，実質年間収入は，男性常用一般労働者の産業計，企業規模計，学歴計のきまって支給する現金給与額の12倍に，前年の年間賞与額を加え，消費者物価指数総合（2000年基準）で実質化して求めた

出典：『国民生活白書 平成13年版』内閣府

図5-3　年功序列賃金カーブの低下

の伸びが鈍ったことを意味する。

二つ目は、規制緩和の影響である。農産物の輸入自由化が始まり、米余りから「減反」政策が始まる。また、スーパーマーケットなど大型小売店が規模を拡大する。もちろん、系列や下請け、業界団体がなくなったわけではない。しかし、全ての中小企業、農家、自営業などの収入を増大させるほどの余裕は日本経済になくなった。もちろん、中小企業の中には独自の技術や合理化で高収益をあげるものも出てくる。農家でも大規模化や商品作物への転換を果たせたものは、未来が開けている。しかし、一方で、従来通りの営業を続けている多くの中小企業や自営業では、収益の伸びが期待できなくなる。すると、そこで働く若年男性の収入の伸びも期待できなくなる。具体的に言えば、中小企業従業員、小規模農家や自営業の跡継ぎの男性である。そして、現実に、この層の男性から、結婚難現象が始まる。

結婚できない若者の発生

豊かな親の元で育ち、「結婚生活や子育てに期待する生活水準」が上昇する一方、低成長経済への転換により、若年男性の収入の大きな伸びが期待できなくなる。その結果、晩婚化、そして、未婚化が開始される。一九七五年から始まる少子化のロジックは、実に明確である。データを見ると、この時期から、交際を始めてから結婚するまでの期間の延びが始まる。結婚相手が決まっていたとしても、新しい生活を始めるのに必要な「資金」が貯まるまで、一方が、もしくは両方が親と同居して待つという選択がとられ始めたと解釈できる。

しかし、単に、知り合ってから結婚までの期間が延びただけではない。若年男性の収入見通しに格差がつきはじめ、結婚難に直面する層が現れたのである。大卒で大企業勤務の若年男性なら、年功序列カーブが多少緩んだにしろ、終身雇用で、安定した収入が得られる見通しが高いだろう。しかし、先程述べた業績が伸びない中小企業の労働者や零細農家や自営業の跡継ぎの男性は、収入の伸びが期待できない。その結果、結婚相手として選ばれにくく、結婚が遅れ、また、未婚状態に留まるものが出てくる（私の父は印刷業を営んでいるが、知り合いの零細企業の社長さんが訪ねてきて、「真面目な従業員の男性がいるんだけど、なかなか結婚できない、どこかに、いいお嬢さんはいないか」と話していたのを子ども心に覚えている。一九七五年頃の話である）。

学歴が低い男性は、それだけ、不利な職業に就きやすい。自営業の跡継ぎ男性は、そもそも学歴は不要と考え、進学をあえてしないケースも多かったろう。女性は、同じ結婚するなら、そして、主婦になるなら、将来の収入の見通しが高い方がよいと考える。その結果、学歴別の未婚率を見てみると、一九七五年を境にして、未婚率の学歴差が開いていく。

二〇〇〇年の国勢調査のデータを見てみよう（表5-2）。男性は、二五歳以下の若年者を除けば、学歴が高い方が結婚率が高くなる。それでも、一九四〇〜四四年生まれの戦中派までは、六ポイント程度の差しかなかった。しかし、一九七五年頃結婚した層(団塊の世代を含む)では、その差は、九ポイントに開き、一九五〇〜五四年生まれでは、一六ポイント、五五〜五九年生まれでは、二〇ポイントを超える。その間学歴の上昇があり、一九五五〜五九年生まれでは、中卒者は九%程度と全体の一割を切る。逆に少なくなった分、結婚していない人が、より学歴が低い層に固まるとも言える(三〇代後半では差が縮まる。それが、大卒でこれから結婚する人が多いからなのか、それとも、大卒の価値が低下し、大卒男性であっても収入が不安定となったから将来も結婚しない割合が増えたのかは、今の時点では判断できない)。

表5-2　男性の学歴別未婚率(%)

生年(結婚年)	2000年当時	中卒	高卒	大卒
1940–44年生まれ(1970年頃)	50代後半	9.2	4.9	3.1
1945–49年生まれ(1975年頃)	50代前半	16.5	9.3	7.8
1950–54年生まれ(1980年頃)	40代後半	25.3	14.4	9.3
1955–59年生まれ(1985年頃)	40代前半	33.9	20.0	13.4
1960–64年生まれ(1990年頃)	30代後半	38.2	26.8	22.2

出典：『国勢調査』2000年より作成

ここで、データについて、説明しておこう。国勢調査では、一〇年おきに学歴を調査する。それゆえ、年齢別進学率や、学歴別未婚率が、極めて正確な精度で手に入る。次は、二〇一〇年に行われる予定だが、学歴を項目に入れるかどうか議論されているそうだ。もし、項目に入

表 5-3　年収別の未婚率(%)

年　収	全体	20-24歳	25-29歳	30-34歳	35-39歳	40-44歳	45-49歳
〔男性〕							
な　し	88.2	98.1	95.0	58.3	33.3	52.9	33.3
100万円未満	83.9	97.1	88.1	61.1	43.8	44.4	21.1
100-200万円	68.0	90.9	78.9	51.2	30.0	34.3	28.2
200-300万円	61.2	90.6	76.5	54.0	36.0	26.0	13.7
300-400万円	45.0	84.4	68.2	33.2	24.7	17.6	11.8
400-500万円	30.5	80.0	68.2	33.0	15.2	13.2	6.6
500-600万円	17.3	83.3	40.0	30.7	13.1	8.3	5.3
600-700万円	12.4	—	42.9	26.9	12.4	9.0	6.4
700-1000万円	4.9	100.0	23.1	12.5	6.6	4.1	2.2
1000-1500万円	4.0	100.0	60.0	16.7	2.8	1.4	1.6
1500万円以上	1.4	—	100.0	—	—	—	—
〔女性〕							
な　し	8.0	59.0	6.6	3.6	1.7	1.3	2.0
100万円未満	17.7	83.5	25.3	7.4	2.5	3.6	2.2
100-200万円	44.9	94.4	59.5	25.5	15.8	8.2	3.3
200-300万円	54.8	93.5	73.4	44.1	23.3	6.1	8.8
300-400万円	49.7	96.1	75.5	39.3	21.1	16.3	10.0
400-500万円	35.2	87.6	68.0	37.5	32.6	9.1	9.6
500-600万円	22.2	—	53.8	38.5	21.4	7.3	16.1
600-700万円	10.1	—	50.0	50.0	15.0	2.6	8.0
700-1000万円	14.1	—	100.0	33.3	25.0	4.8	7.1
1000-1500万円	19.0	—	—	—	—	—	28.6
1500万円以上	16.7	—	—	—	—	—	33.3

出典：『第2回人口問題に関する意識調査』人口問題研究所(当時), 1995年

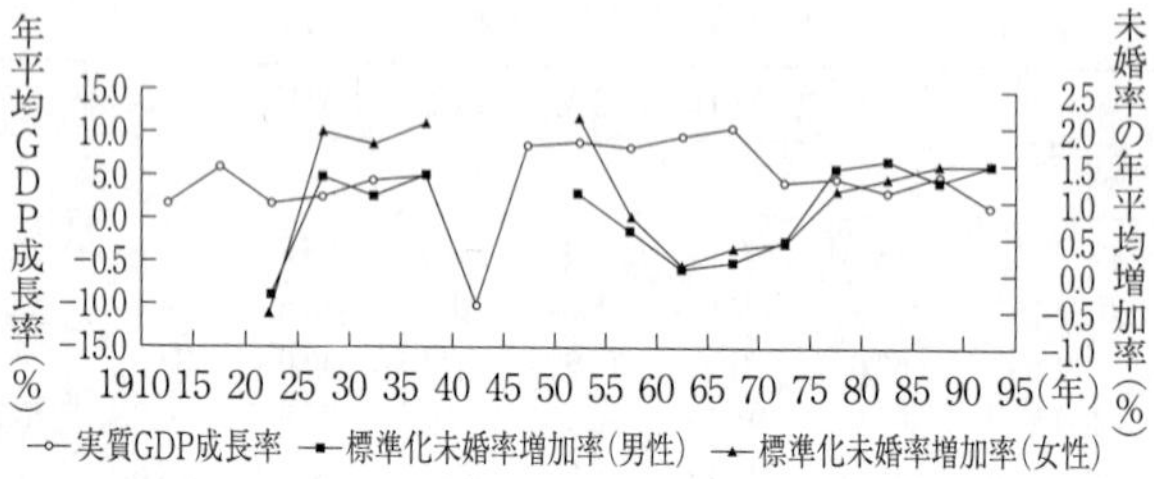

注：標準化未婚率は，1920年以降の国勢調査による15歳以上人口の未婚者割合を，1995年の全国の男女，年齢(5歳階級)別15歳以上人口を標準人口として計算したもの．実質GDP指数は1930年を100とする．1990年時点の領土による国境調整を行ったもの
出典：『家族社会学研究』vol. 13, No. 1. 2001年

図5-4　未婚化と経済成長

らなかったら、二〇〇〇年のデータが、日本の学歴構成を知る最後のデータということになりかねない。そして、これだけ、学歴別に未婚率が違うのに、公の機関や大手メディアはその事実を公表してこなかった。その点については、少子化のタブーのところで述べたように、それゆえに、誤った認識を世間に与えてしまったという効果は否めない。

また、年収別に見ても、収入の低い男性が結婚しにくいことは明らかである(表5-3)。一九九五年のデータだが、三五歳を超すと、収入差による男性未婚率の差が顕著になる。どんな調査を行っても、男性未婚率の差は、年収によって、ほぼ説明できてしまう。何度も言うが、この事実は、一九九〇年頃から分かっていたのにもかかわらず、公表が差し控えられていた。このデータも、ある研究会で配布されたものである。

社会学者の加藤彰彦・明治大学助教授は、マクロデータを使い、産業化以降の日本社会で、男性収入の「増加率」と「結婚率」の相関が極めて高いことを示し、若年男性の収入が相対的に低下したことが、未婚化、そして、少子化の原因であることを確かめている(図5-4)。

2 パラサイト・シングルの誕生

性別役割分業意識の維持

性別役割分業の下では、結婚生活や子育てにかかる費用は、教育費を含め、夫の収入でまかなうことが原則とされる。確かに、一九七五年以降、女性の社会進出が言われるようになり、現実に、既婚女性の労働力率は上がり、専業主婦は少なくなる。しかし、働く既婚女性の多くはパート労働であり、都市部ではスーパーなど小売店の販売かファミリーレストランなどの接客、地方では工場の組み立て、検品などで、家計の補助(住宅ローンや子どもの教育費)、もしくは、家計に余裕をもたらすために行うものであった。

これは、結婚後一旦辞めた女性が再就職して働いても、年収一〇〇万円程度が「上限」であることを意味し、このことは、税制や社会保障での「主婦のパート優遇(年収が一定以下なら扶養家族とみなす)」という政府の政策にも反映された。

確かに、調査によると「男は仕事、女は家事」という意見に対して反対する人の割合は、一九七五年以降徐々に高まっている。しかし、「家計を支える責任は夫にある」という意識は、根強く残っている。これは、意識の問題であると同時に、家計を支えるほどの収入を一般的な既婚女性は得られないという女性差別的現実の反映である。結局は、妻の収入の寄与が少なく上限が一〇〇万円という現実の前では、結婚後の夫婦の生活水準、および、子育てにかけられるお金の水準は夫の「収入」に依存せざるを得ない。

それゆえ、収入の低い男性が結婚相手として選ばれにくいという事実を、女性の意識だけのせいにすることはできない。女性も家計を担う責任をもつという男女共同参画の理念に従った制度ができていないということでもあるのだ。

結婚しない若者の男女差

性別役割分業意識が根強く、「結婚後の生活を男性の収入が支える」という現実的状況の下では、結婚していない若者の属性は、男女で大きく異なってくる。

男性は、前節で見てきた通り、収入の増加が見込めない職業に就く男性が、結婚相手として選ばれにくくなる。それは、学歴や収入が低い層に多くなる。

一方、女性はどうだろう。女性は、自分の期待以上の収入を稼ぎそうな男性に出会えるかど

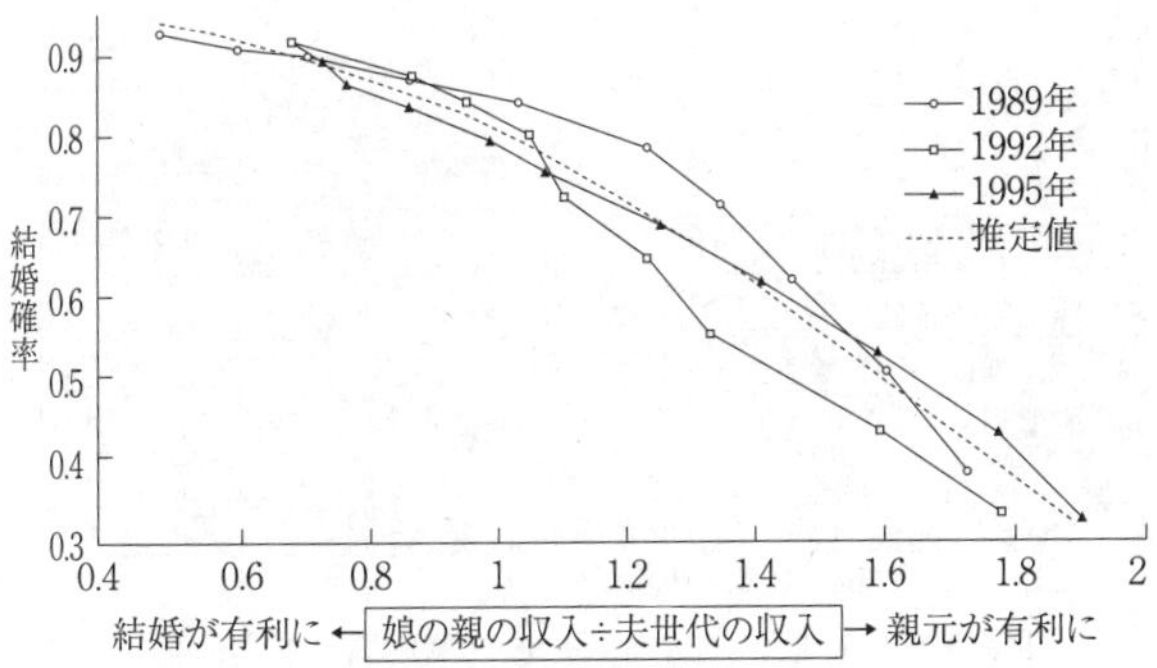

出典：山田昌弘『希望格差社会』2004年

図5−5　同居の親の所得と夫世代の所得の比率に見る結婚確率

うかがポイントとなる。出会ったとしても、相手から好かれなければならない。それには、基本的には「運」が作用し、魅力なども関係してくる。一九五五〜五九年生まれで二〇〇〇年時点で結婚していない割合を学歴別に見ると、中卒一二％、高卒七％、短大卒九％、大卒一一％となる。大卒は学歴が高すぎると避けられ、中卒は低いと避けられるという傾向があるかもしれないが、男性に比べれば、差はほとんどないといってよいレベルである。

つまり、女性は、稼ぎ手役割を男性から期待されていないという条件の下では、学歴、収入、職業などの属性的要素は、結婚のしやすさとは関係がなくなる。収入の高い女性が結婚しにくいわけではないことは、表5−3で、高収入の女性の結婚率がそれほど低くないことからも類推できる（三〇代で見ると、年収が三〇〇〜五〇〇万円程度の女性の未婚率が高くなり、五

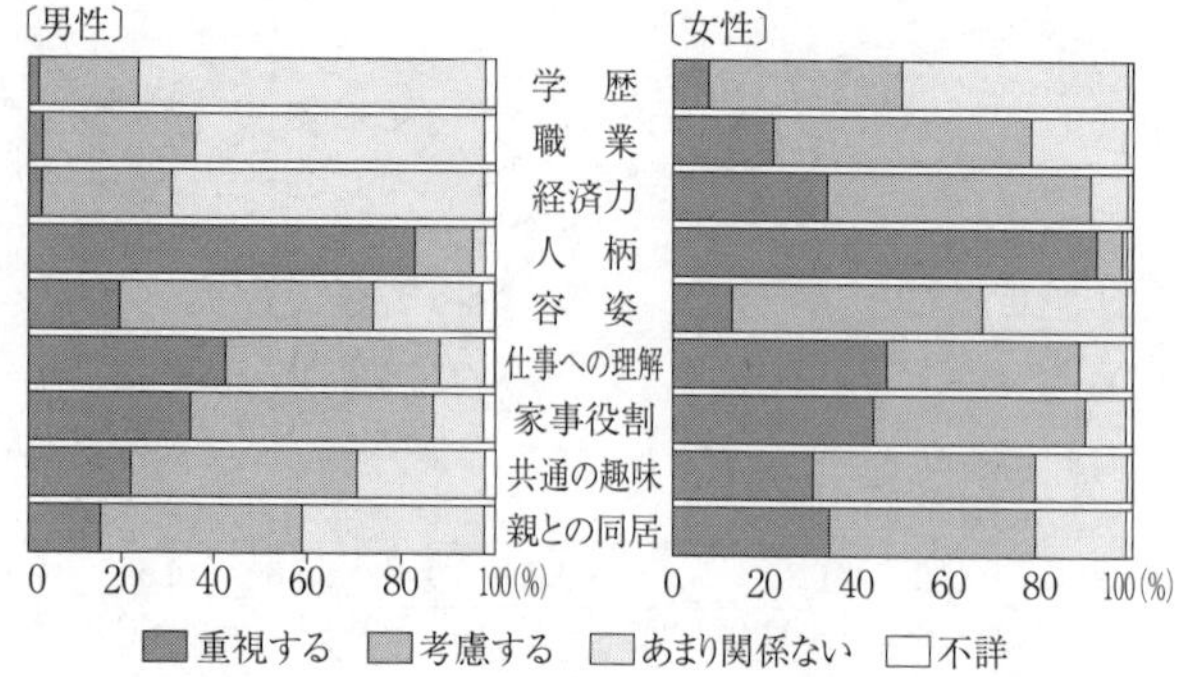

設問　「あなたは結婚相手を決めるとき，次のことについてどの程度重視しますか」
1. 重視する，2. 考慮する，3. あまり関係ない
「親との同居」は，男子の場合「自分の親との同居」，女子の場合「相手の親との同居」について

注：対象は各調査とも，18 歳から 34 歳の「いずれ結婚する」と答えた未婚者．対象者総数は，男子 3420 人，女子 3218 人

出典：『第 11 回出生動向基本調査』人口問題研究所(当時)，1999 年

図 5-6　結婚相手として重視・考慮すること

○○万円を超えると、未婚率は低まる)。むしろ、交際範囲の広さや魅力といった、経済要素とは無関係なものが大きく影響すると考えられる。

ただ、結婚相手に期待する収入の水準は大きな意味をもっている。次は、ある研究会で配布された、親と同居している女性の結婚確率を計算したデータである(図5-5)。

これは、同居している父親の収入によって、結婚しやすさが女性においては異なっているというデータとなっている。親の収入が若者の平均収入の倍あると、結婚確率が四割以下に落ちるのに、父親の収入が若者の平均収入の半分であると、結婚確率が九割を超す。

つまり、収入の高い父親の元で育つと、結婚相手に期待する収入の水準が高くなり、それだけ、相手が見つかりにくくなるという関係性を表していると考えられる。

結婚相手に求める「要素」に関する調査は数多く行われている。例えば、何度も引用した国立社会保障・人口問題研究所が継続的に行っている独身者調査では、経年的比較ができるからよいのだが、項目が「重視する」かどうかになっている。学歴や収入を重視するという時に、高いことを重視するのか、低いことを重視するのかということが分からないという欠点をもつ(常識的に考えれば、女性は相手の学歴や収入が高い方がよいと考えて学歴を重視すると回答し、男性は相手の学歴や収入が自分よりも高くなると引け目を感じるという理由で重視すると回答していると解釈できる)。

この調査でも、男女の重視する要素の違いははっきりしている(図5–6)。「人柄」が一位に来るのは当然であり、人柄が悪い人でもいいという人はまずいないので、この要素を聞くことはほとんど無意味であろう。女性が男性に求めるのは、「経済力」、つまり収入の安定であり、男性は「容姿」が上位に来る。この傾向は大きく変わっていないのだ。

パラサイト・シングルの誕生

そして、結婚したくても相手がみつからない結果として日本で誕生したのが、パラサイト・

シングルなのである。私の定義では、「学卒後も親に基本的生活条件を依存してリッチな生活をしている独身者」(一九九七年初出)なのだが、一般に、親と同居している未婚者を指すネーミングとして使われることが多くなった。親と同居している未婚者全てがリッチに生活できているわけではない。しかし、同じ収入なら、親と同居しているだけで、可処分所得は高くなる。よく、親同居独身者が裕福であるという説への反論として、一人暮らしの独身者の方が年収が高いというものがあったが、それは当たり前である。日本では、収入が高いから一人暮らしできるのである。年収が低い人でも、年収が高くて一人暮らしの人より豊かな生活ができるのが、パラサイト・シングル論の核心なのである。

現実に、親同居未婚者は、人数、割合ともに一九八〇年代を通じて増大する。統計研修所の西文彦氏、菅まり氏らの集計によると、二〇〜三四歳までの年齢層のうち、一九八〇年に八一七万人、二九・五%であった親同居未婚者は、一九九〇年には、一〇四〇万人、四一・七%まで増大する。その後、増加は頭打ちとなる(表5-4)。

一九八〇年代後半からバブル経済となり、一九七〇年代と同じく、引き続き正社員率は高く、若者の収入見通しも安定していた。それでも、平均初婚年齢が高くなり、未婚率も高まったのは、パラサイト・シングルの増大の影響で、結婚に期待する生活水準の上昇が著しく、それが若者の収入見通しを上回ったからだと考えられる。

表 5-4　親と同居の若年未婚者数の推移

	1980	1985	1990	1995	2000	2005
20-34 歳人口(万人)	2,765	2,507	2,492	2,689	2,732	2,584
うち親と同居の未婚者(万人)	817	879	1,040	1,147	1,201	1,170
親と同居の未婚者の割合(%)	29.5	35.1	41.7	42.7	44.0	45.3

出典：『統計』2007 年 2 月，日本統計協会

この頃、親同居未婚者の生活水準が急上昇した。おりしも、テレビにトレンディ・ドラマというジャンルが出現し、リッチでおしゃれな生活が描かれた。若者の間では、ブランドブームなど消費活動が活発化し、海外旅行が一般的となった。消費＝「お金を使うこと」によって自己実現するという風潮が生まれたのである。

いくらバブル経済で、就職状況がよくても、自分の収入で生活費を賄うとなると、リッチな生活は無理である。当時は、年功序列制は崩れていないので、若者の収入はそれほど上昇していない。しかし、学卒後正社員として就職した若者が、親と同居して、その収入の大部分を消費、レジャー活動に投入できたからこそ、消費活動が活発化したのだ。

結婚して自分たちで生活するとなると、可処分所得が低下する。更に、家事も自分たちでしなくてはならない(図5-7)。時代は下るが、私が加わった若者調査によると、同じ年齢でも、未婚者と既婚者の小遣い額の差は甚だしい(図5-8)。そのため、結婚に対する積極性を失うのである。

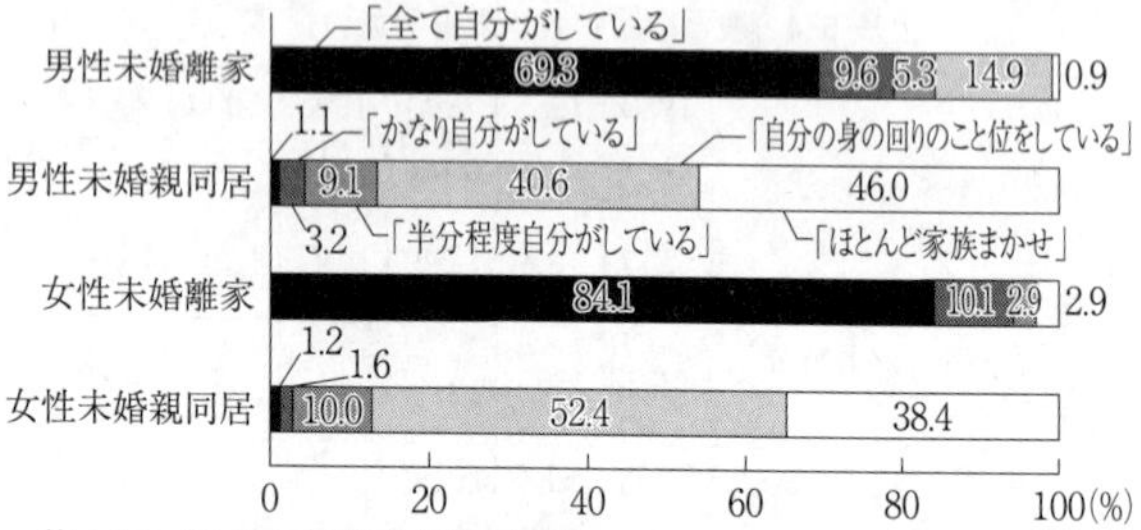

注：20～39 歳の横浜市在住者対象

出典：山田昌弘『パラサイト・シングルの時代』

図 5-7　家族形態と家事

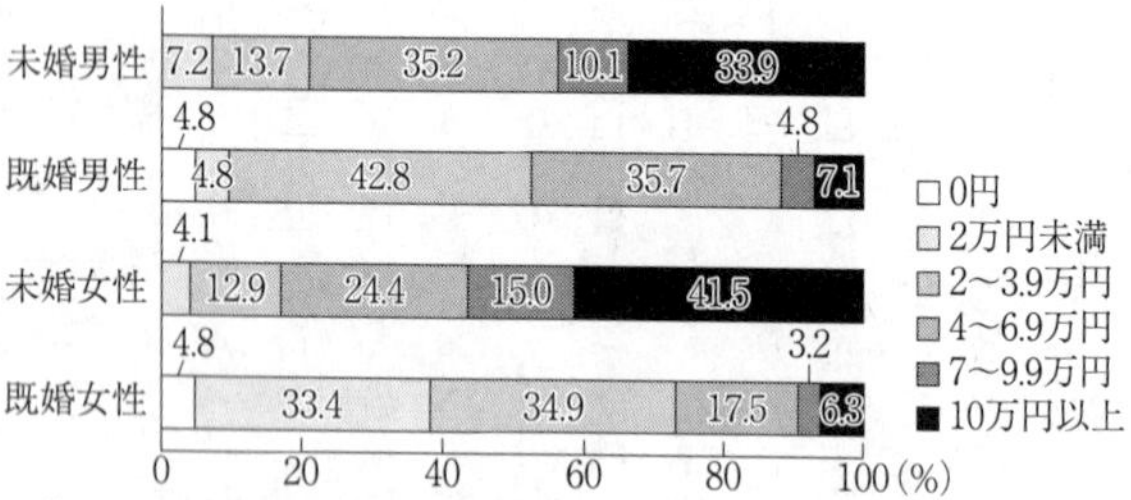

注：29 歳までの首都圏在住社会人

出典：日経産業消費研究所，1998 年

図 5-8　社会人の小遣い額(1998 年)

パラサイト・シングルの悪循環

日本社会では、結婚が遅れると、親と同居した生活を送る期間を長期化させることになる。そして、親と同居していると、消費やレジャーなど生活水準が上昇する。生活水準が上昇すれば、結婚生活に対する期待は上昇する。その生活水準を自分たちの収入だけで実現することはできない。したがって親元に留まり続け、未婚率が上昇する。つまり、未婚化と結婚生活への期待水準上昇の悪循環が生じているのだ。これを、「パラサイト・シングルの悪循環」と呼ぶことにする。

一九八〇年代に増大したパラサイト・シングルたちは、結婚したくないから独身生活を続けているのではない。本人たちは、将来の時点で結婚するものだと、意識的にしろ、無意識的にしろ考えている。

親同居未婚者は、男性では収入が相対的に低い層、女性は、親の収入が相対的に高い層が多い。男性は、経済状況が好転して将来収入が高くなれば、もしくは、今の収入でも選んでくれる女性が出てくるはずと思いながら未婚のまま待つ。女性の方は、収入が高い人と出会えるまで、親と同居しながら待つという人が多い。この頃から、結婚しない理由として、「相手と出会わない」という回答が増えてくる。

もちろん、男性の中には、収入が増加して結婚相手として選ばれた人もいるだろう。しかし、日本経済は、全ての男性が安定して収入が増加する状況には戻らなかった。一方、一部の女性は、収入の安定した理想的な人と出会えて運良く結婚にこぎ着けることができたろう。また、条件を切り下げて、結婚に至った女性もいただろう。しかし、「構造的に」出会えないまま、年齢を重ねる人が増えてくるのである。

3　欧米での対応

低成長における欧米の対応

経済の低成長化は、日本だけの現象ではない。オイルショックの影響もあり、欧米の先進国では、一九七〇年代に日本以上の不況に見舞われる。日本と同じように、「若年男性の収入の相対的低下」に直面するのである。ヨーロッパの多くの国では日本以上に若年失業率は高まり、アメリカでは低賃金の雇用が増大する。その結果、「若年男性一人の収入では、豊かな結婚生活を支えることはできない」という日本と同じ状況が出現した。

欧米のほとんどの国々では、一九七〇年代に少子化傾向が始まったが、一九八〇年代には、アメリカや北欧では出生率が回復し、フランスやイギリスなどでは少子化が止まった。その一方で、日本と同じように、(旧)西ドイツやイタリア、スペインなど出生率の低下が止まらない国も現れた。

その差が生じたのは、一つは、「パラサイト社会」かどうかという文化的条件、もう一つは、「男女共同参画社会」への転換が進んだかどうかという社会的条件にある。

非パラサイト社会という文化的条件

欧米の中でも、アメリカやイギリスなどのアングロサクソン諸国、北欧、フランスなどでは、子どもが成人すれば親元から離れて住むのが当然という文化がある。いくら、豊かな親の元に育っても、自立して生活するようになれば、結婚生活に期待する生活水準は高くならない。日本の若者のように、親と同居していれば高級車もブランド品も買えるだろうが、欧米ではそのような贅沢は許されない。それゆえ、結婚へのハードルは低くなる。

また、欧米では、若者のルームシェアという習慣がある。二、三人でアパートを借りて、住居費や光熱費を節約することが多く行われる。一緒に住むなら、「好きな異性」と住む方がよいに決まっている。それゆえ、アメリカでは結婚が盛んであり、北欧やフランスでは、結婚に踏み切らないまでも、同棲という形で共同生活を送ることが一般的となる。

もちろん、若い時代の男女関係は不安定であるから、アメリカでは若年離婚、北欧やフランスでは同棲の解消も多いが、再婚や再同棲も同じく多い。そのうちに、関係も安定し、子どもを産み育てるものも多くなる。

また、成人したら子どもが独立することが当然という文化では、子育てに過剰にお金をかけずにすむ。アメリカでは、高校生になればアルバイトをするのは当然、大学に行きたければアルバイトをして貯金し、奨学金や自分で後で返すローンを受け、それでも足りなければ親から借りるというのが一般的である。イギリスや北欧などヨーロッパ諸国では、原則、学費はほぼ無料である。つまり、親は子どもの教育費の心配をしなくてすむのだ。

つまり、「非パラサイト」という文化的条件が、「結婚生活、子育てへの期待水準」が高くなることを防いでいる。これが、欧米で少子化の深刻化を食い止める一つの要因となった。

男女共同参画社会への転換

同じく、アメリカやイギリスなどのアングロサクソン諸国、そして、北欧などでは、一九七〇年代に、男女共同参画社会への転換が生じた。これらの国々でも、一九六〇年代までは、専業主婦が多く、男性一人の収入で妻子の生活を賄うことが一般的だった。ちなみに、一九五〇年には、アメリカの既婚女性(高齢者を除く)の就労率は、二五%程度、つまり、七五%が専業主婦だったのである。日本では、既婚女性の労働力率は、下がっても四割だったので、アメリカは、日本以上の専業主婦社会だったのだ。

一九七〇年代に、フェミニズム運動が起きるとともに、女性の社会進出、つまり、職場労働への進出が起きる。これには、女性が自己実現のために働き始めたという側面もあるが、若年男性の雇用条件が悪化する中で、「自分で自分の生活の糧を稼がざるを得ない」女性が増えたとも言える。特に、親と同居して扶養されるという選択肢はないから、結婚して夫に扶養されるという道が閉ざされると、自力で生活せざるを得ない。すると、若年女性は、雇用面で男性からの差別に直面し耐えられなくなる。フェミニズム運動は活発化し、その結果、雇用における女性差別が撤廃され、女性が十分な収入を得る職に就くことができるようになる。

しかし、未婚女性が職に就いただけでは、少子化の歯止めにはならない。結婚し、子どもを産み育てながら仕事を続けることができなくてはならない。アメリカでは、ベビーシッターをはじめとした子育て労働が市場によって供給されるようになった。詳しくは、前田正子氏の著作に詳しいが、高収入を稼ぐ母親は高額のベビーシッターを雇い、一方、低収入の母親は、低価格のベビーシッターサービスを購入する（もしくは、自らベビーシッターとなって、自分の子と他人の子を一緒に面倒を見て、お金を稼ぐ）。その結果、アメリカでは既婚女性の就労率は、二〇〇〇年には、七五％となる。

一方、北欧諸国では、公的に育児サービスが供給され、働きながら子どもを育てる条件が整う。育児や介護などの公共的事業は、母親を積極的に雇うことによって、育児サービスと母親の雇用の双方を作り出した。

女性が相当の収入を得る職に就くことが一般化し、しかも、結婚、出産後もそれが可能な条件が整うと、「夫婦で稼ぎ出す収入の見通し」が明るくなる。つまり、多くの欧米諸国では、共働き化によって、若年男性の収入見通しの悪化を補ったのである。その結果、経済状況の悪化によって、出生率は一時的に低下するが、女性の社会進出の条件が整うとともに、出生率は一定程度回復するのである。

例えば、図5-9を見ていただこう。スウェーデンでは、もう男性のみが家計を支えるという考え方から脱していることが分かる。

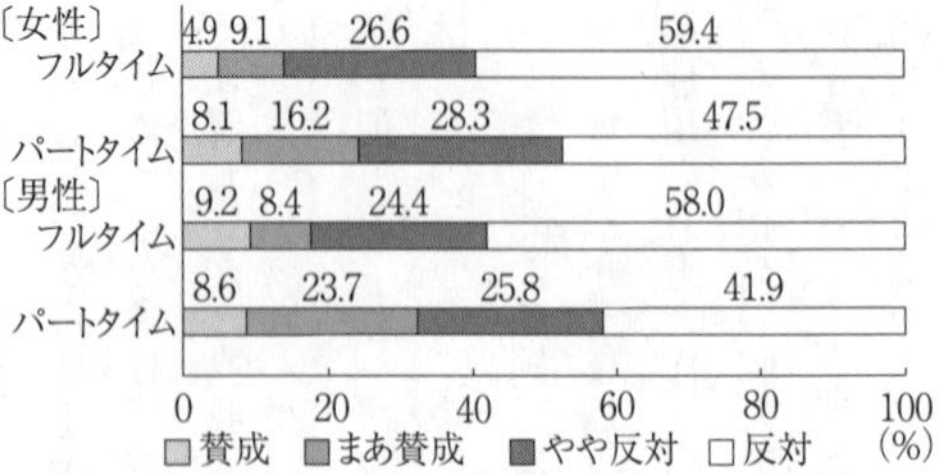

出典：『スウェーデン家庭生活調査』内閣府経済社会総合研究所

図5-9 「夫は収入を得る責任をもつべきだ」への賛否(スウェーデン)

南欧と西ドイツ

しかし、同じヨーロッパでも、一九八〇年代に出生率が下がる一方だった国々がある。イタリア、スペインなどの南欧諸国と、(旧)西ドイツである。

南欧諸国は、日本と同じように、結婚するまで親と同居する習慣が強い。それゆえ、未婚女性は親と同居しながら、結婚相手の出現を待つという選択がとられる。また、一九七〇年代に入り、イタリアでは、日本以上に戦後の高度経済成長の反動があり、成長率は鈍る。その結果、若年男性の収入が相対的に低下し、親同居未婚の女性の結婚相手が少なくなるという、日本と同じロジックが進行した。また、カトリック国のため離婚は極めてしにくいので、結婚に慎重にならざるを得ないという要因もあるだろう。男女共同参画の進行が鈍いのも日本と共通点がある。

ドイツは、アメリカや西ヨーロッパ諸国と同じように、成人すれば親から独立して生活することが一般的な社会である。また、同棲も多い。しかし、専業主婦志向が強く、既婚女性が働きながら子どもを育てる条件が整うのが遅れた(少なくとも一九八〇年代にはそうであった)。そこで、起きたのは、既婚夫婦の出生率の低下である。若年男性の収入が低下した分、子どもの数を少なくすることによって対応したのである。

第6章　少子化はなぜ深刻化したのか――一九九五年～

1　ニューエコノミーの浸透

少子化の加速化

日本では、一九九〇年代に入っても、少子化の流れは止まらなかった。序章で述べた通り、多くの政策担当者は、少子化の流れはいずれ止まる、もしくは、反転すると考えていたふしがある。それは、「独身者の結婚希望率の高さ」と「夫婦の産む子ども数は変わらない」という調査結果に根拠があった。結婚を希望する人が多く、結婚したら二人から三人産んでいるのだから、今、結婚を遅らせている人もいずれ結婚し子どもをもつに違いないと楽観視していたのだろう。

しかし、現実には、その予測が覆された。晩婚化の傾向は止まらず、むしろ加速化し、未婚率は高まった。更に、追い打ちをかけたのが、結婚した夫婦が産む子ども数の減少が始まったことである。その結果、団塊ジュニア世代(一九七〇年代前半生まれ)が出産期に入ったのにもかかわらず、出生数は増えなかった。1章で述べたように、ここ一〇年の間に、結婚、出生に関する様々な指標が、少子化の深刻化を示し、人口学者の阿藤誠・早稲田大学教授が「超少子化」と呼ぶ状況が出現した。

1章に詳しく述べたように、未婚率の上昇、特に、二〇〇五年時点で三〇代前半層(一九七〇年代前半生まれ)の未婚率の増大が著しい。そして、ここ一〇年の間に、既婚夫婦の子ども数の低下も始まり、合計特殊出生率の低下が加速した。

つまり、結婚しない人が更に増え三〇代に達し、結婚しても子どもを産まない人、子ども数を絞る夫婦が増えたということである。そして、この超少子化傾向は、一九九五年頃から出産適齢期に入った一九七〇年生まれ以降、つまり、団塊ジュニア世代以降に顕著となる。

この少子化傾向の深刻化は、経済状況が大きく質的に変化した中で起きたものである。

一九九二年にバブル経済がはじけ、一九九〇年代後半に入ると、若者をめぐる経済状況が悪化した。一九九〇年頃までは、「男性一人の収入では豊かな結婚生活を期待できない」から結婚を先延ばしにする人が増えたという認識でもかまわなかった。しかし、近年は、結婚後の豊かな生活を期待するどころではない。「男性一人の収入では人並みに暮らしていくことさえもできない」状況が出現したのである。

そして、この若者の経済状況の悪化によって、若者の「希望」が削がれ、その結果、「結婚や子育てに希望がもてない」若者が大量に発生する社会となった。
まず、若者をめぐる経済状況から見てみよう。

若者の収入の格差拡大——低収入の若者の増大

若者の結婚状況を考察する時に重要な要素は、一九九〇年代後半に、①若者間での収入の格差拡大が進行し、同時に、②若者の将来の収入見通しが不確実化したことである。

世帯収入の格差拡大が、一九九〇年代後半に起こったことは、共通認識になっているが、その被害を最も大きく受けたのが、若者である。格差の拡大がそれほどではないと主張する論者であっても、若者の収入格差が拡大していることだけは認めている。それは、若年者のジニ係数(所得の不平等度を表す係数)が高まったことによって確かめられている。かりに格差拡大が、高収入者の増大によって起きたものなら問題はない。実際は、若者の中に低収入者が多くなったことが問題なのである。

図6-1を見ても分かるように、一九九二年から二〇〇二年への変化において、五〇〇万円以上稼ぐ二〇代の若者も、二・九%から三・二%へとわずかに増えている。一方、年収、一五〇万円未満の若者が大幅に増加していることが分かる(二五・三→二一・八%)。

まず、低収入の若者の増大は、非正規雇用が大幅に増加したことによる。いわゆるアルバイ

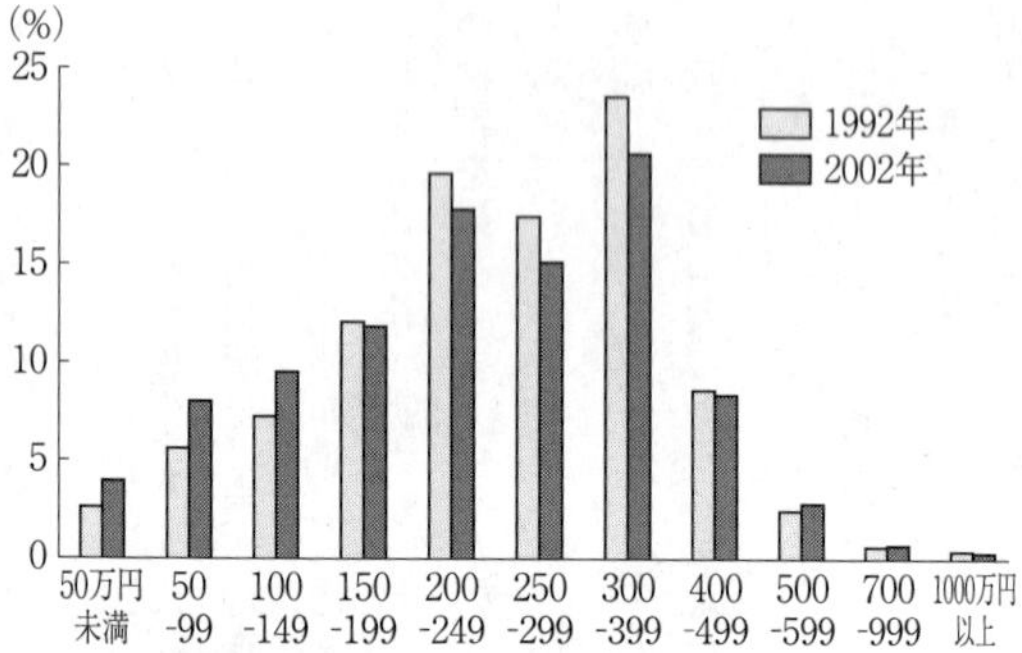

出典：「就業構造基本調査」総務省統計局

図 6-1　収入階級別雇用者割合(20 代)

トだけをしているフリーターは、一九九〇年代後半を通じて急増する(図6-2)。そして、雇用の多様化という名の下に、派遣社員や契約社員が増大する。

もう一つは、成果主義を導入する企業が多くなり、正社員であっても、収入が上がることが期待できない若者が増え始めたことである。これは、いわゆる年功序列賃金が崩壊し、正社員(男性)の中でも格差が生じ、全員が管理職に昇進できるという条件が失われたことを意味する。

不確実化する若者の将来

若者の結婚状況を考察する際のもう一つの重要な要素は、若者にとって、将来の雇用や収入の不確実性が増大したことである。

現在の収入が少なくても、将来上がる見込みが確実であるならば、大きな問題にはならなかったろう。

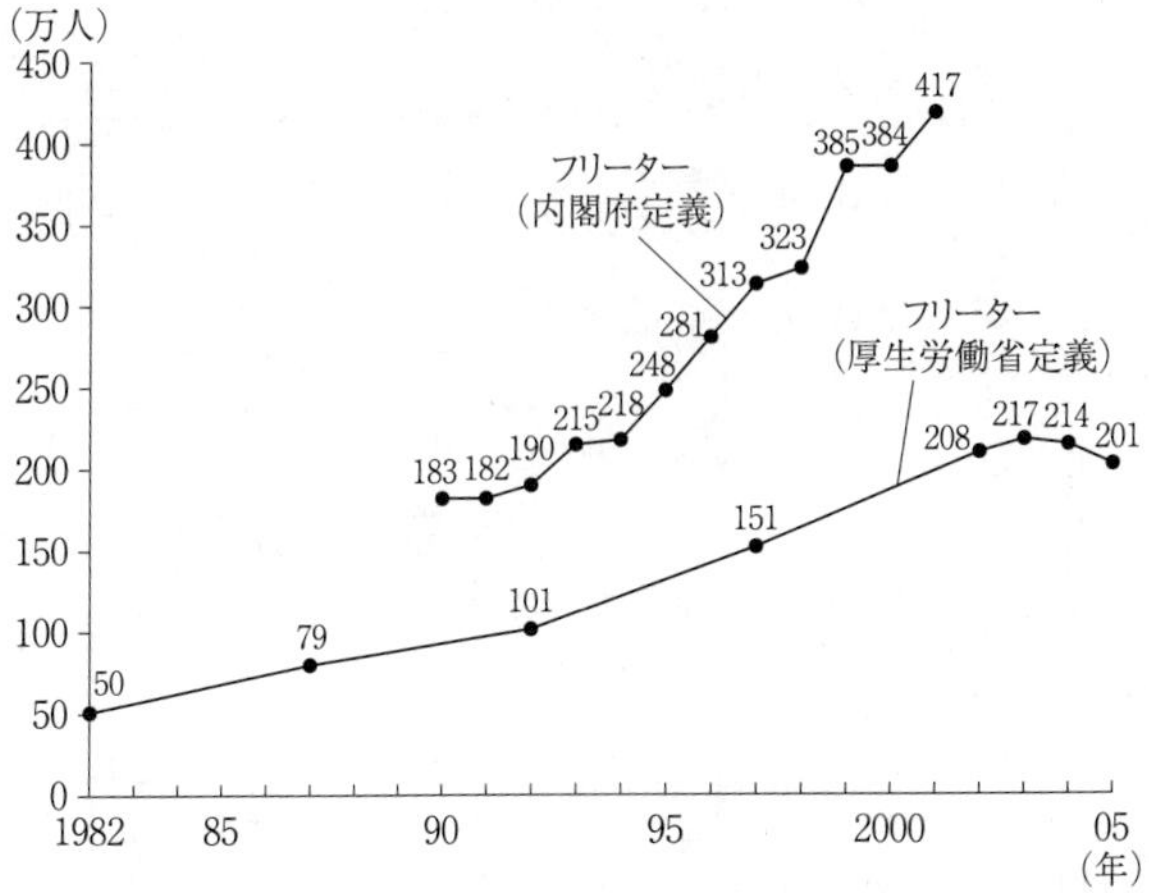

注：内閣府の定義は，学生・主婦を除く若年(15～34歳)のうち，パート・アルバイト(派遣等を含む)および働く意志のある無職の人．厚生労働省の定義は，15～34歳で，男性は卒業者，女性は卒業者で未婚者とし，①パート・アルバイトの人，②探している仕事の形態がパート・アルバイトである完全失業者，③希望する仕事の形態がパート・アルバイトである非労働力人口(家事も通学も就業内定もしていない人)．ただし，1997年以前の定義は若干異なる

出典：『国民生活白書 平成15年版』内閣府，『労働経済の分析 平成18年版』厚生労働省

図6-2　フリーターや非正規雇用者の推移

しかし、非正規雇用のままでいるならば、将来の収入の増加は期待できない。よく言われるように、正規雇用とフリーターの生涯賃金の格差は極めて大きい。そして、このまま働き続けられるという保証もない。更に、正社員として就職できる見込みも大きくはない。非正規社員から正規社員になる可能性は、ここ一〇年で低下している。

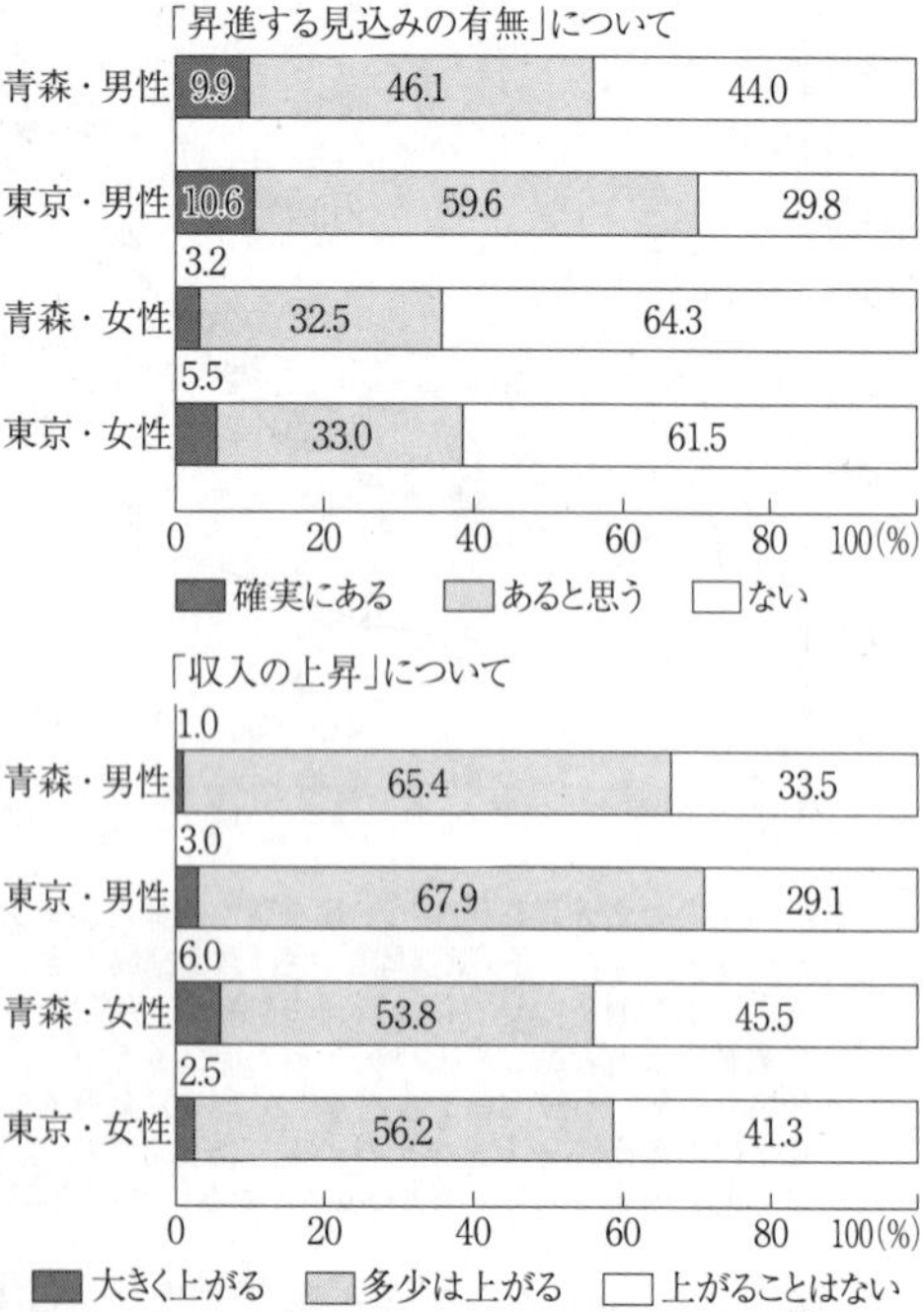

出典：『若者の将来設計における「子育てリスク」意識の研究』2004年

図6-3　仕事での昇進と収入の上昇の可能性

そして、成果主義の導入によって、正社員であっても、勤め続けられるとは限らないし、収入が上がらない可能性も出てきた。一九九七年に、大手銀行や証券会社も含め、大企業の倒産、廃業が相次ぎ、「大企業」に勤めているからといって、将来の収入の増大はもちろん、安定でさえも保証されないことがはっきりした。

つまり、一九九〇年代後半から、女性はもとより、男性でさえも、一生安定した収入が得られる「保証」がないという状況が出現したのである。もちろん、中には、収入が上がる若者もいるだろうし、また男女雇用機会均等法の施行等によって、女性であっても活躍して、高収入を得られる環境も整った。しかし、多くの「普通の能力をもった若者」が、将来の生活に対して、不安をもっておかしくはなくなったのである。

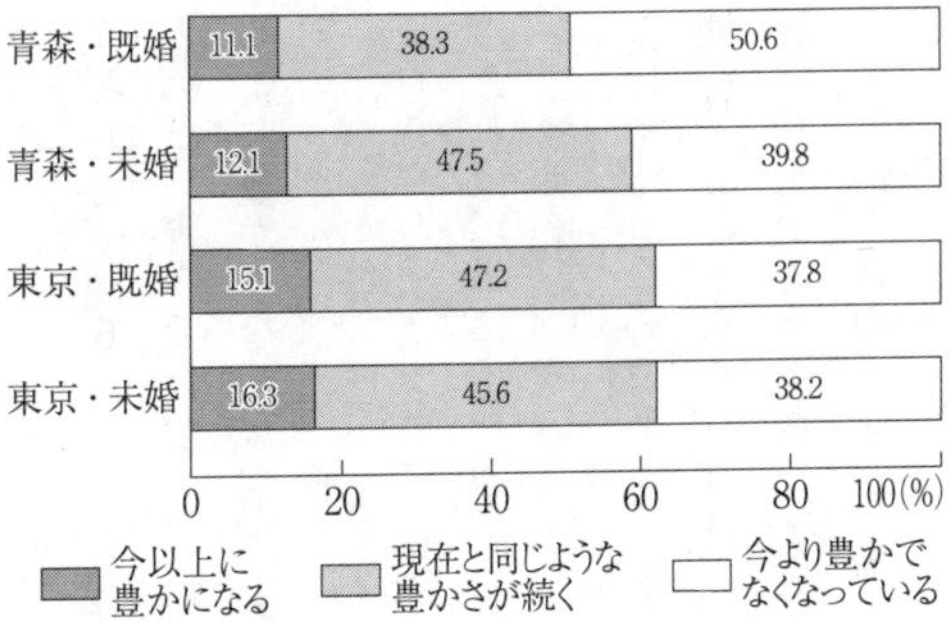

出典：同前

図6−4　将来の生活は経済的にどうなるか

以下のデータは、私が代表者となって厚生労働省の科学研究費の助成を受け、二〇〇三年に青森と東京で行った二五～三四歳（一九六八～七七年生まれ）の若者調査の結果の一部である（『若者の将来設計における「子育てリスク」意識の研究』二〇〇四年）。

将来の仕事での昇進と収入の上昇の可能性を尋ねたもので（図6−3）、昇進の見込みがないと答えたものは、男性では青森四四％、東京でも三〇％になる。女性では、両地点で六割強となっている。収入に関しても、「上がることはない」と断言する若者は、男性では約三割、女性では四割を超す。本調査時点での年収はそれほど高くないのにもかかわらずである（男性は二〇〇～四〇〇万円が四割強、女性は主婦を除いても二〇〇万未満が四割である）。

そして、図6-4に見られるように、今後の生活予測でも、今以上に豊かになると回答するものは、青森で一一～一二％、東京でも一五～一六％程度であり、特に、青森の既婚者では、今より豊かでなくなっていると回答する若者が五割を超す。

リスクヘッジとしての結婚、出産の先送り

これは、単に主観的な「不安」にすぎず、現実には、収入が上がる人も出てくるだろうということは考えられる。しかし、結婚や子どもを産む決断を先送りするには、そうした「不安」だけで十分なのである。もし、結婚後、夫が失業したり、子どもが生まれた後にも夫の収入が期待通り上がらなければ、「理想通りの生活水準の達成」ができない。更に、子どもに十分な教育費をかけることもできない。結婚や子育ては、不可逆性の高い選択である。それでも結婚して生活できなくなった場合なら、離婚（中には、実家に帰って親同居を再開する）という選択肢をとることができる（現実にそのようなケースが増えている）が、子どもを産んだ後にそれを取り消すことはできない。

リスクヘッジ（リスク対処）の原則は、「ミニマックス」戦略である。可能性が高い選択肢のうち最悪の場合を想定して対策をとる必要がある。そして、最悪の場合（夫が失業したり、収

入が上がらないなど)を想定して生活設計をすれば、結婚生活を始めたり、子どもを産むことを先送りすることが、最も合理的な選択肢となるのである。

ニューエコノミー――雇用の二極化

このような状況が生じた理由は、資本主義の構造が転換し、IT化、グローバル化が起こり、「ニューエコノミー」とも呼ばれる経済状況が、一九九〇年代後半に日本に上陸したことにあると判断される(詳しくは、ライシュ『勝者の代償』、拙書『希望格差社会』『新平等社会』参照)。

その基本をかいつまんで述べれば、雇用の二極化である。一部の能力のあるものは、若くても女性でも、能力が発揮でき、高収入で優遇される一方で、ものの仕分けや単純な接客のような「マニュアル通り」にすればよい仕事が大量発生し、それを担う人は、生産性の上がらない定型作業労働者として、低賃金かつ非正規雇用として留め置かれるということである。

そして、この経済の構造転換は、高度成長期に起きた構造転換とは逆の形で、若者に不利な形で起こった。特に、日本でその被害をもっとも受けたのは、これから社会に出て行く若者であり、それも、一九七〇年生まれ以降の世代であったのだ。なぜなら、企業社会が出来上がってしまった後でもあり、中高年の雇用や賃金は比較的守られるからである。コストダウンのターゲットになるのは若者であり、定型作業労働者としての職に就かざるを得なくなる若者が増大する。

そして、経済改革によって、全ての産業が競争に晒されるようになる。若者は、学卒後、企業に正社員として就職しても、その企業が安泰とは限らなくなる。大企業でも倒産がありうるのだから、中小企業であればなおさらである。もちろん、業績のよい中小企業もあるが、企業に勤める「全ての従業員」が安泰で、収入が増加するというわけにはいかなくなる。そして、生産性が低い自営業は、収入の増加どころではなく、倒産、廃業の圧力に晒される。実際、規制緩和や取引の合理化、大規模店の進出の影響で、自営の小規模商店や小規模問屋は立ち行かなくなってくる。そこで跡継ぎとして想定された家族従業者(主に長男)の生活には将来見通しがたたなくなる。

一九九〇年代後半、高度成長期にほとんどの若年男性の将来収入見通しを高くしていた条件の全てが、反転したのである。つまり、①経済の構造転換が若者に不利な形で起こり、経済改革によって、②日本的保護経済である護送船団方式がなくなり、③規制や業界団体による自営業の保護がなくなったのである。

前章で述べたように、一九八〇年代に、収入増加が期待できなくなったのは、中小企業労働者、小規模自営業の跡継ぎだった。彼らの雇用は安定していたが、「妻子を養って将来豊かな生活を期待できる」という希望がもちにくかったがゆえに、結婚相手として避けられた。

一九九〇年代後半に入ると、それに加えて、フリーターや契約社員、派遣社員など、将来の収入増を期待するどころか低収入で「一人でも暮らせない」若者が溢れる社会になったのである。結婚相手として避けられるだけではなく、最低限の生活ができるかどうかさえもわからない状況に陥ったのである。

これらは、経済の構造転換が迫られ、世界経済のグローバル化に伴って生じた状況である。しかし、その結果、「将来の収入見通しがたたなくなった若年男性の大量発生」に対し、現状では何の手だても打てないでいるのだ。

パラサイト・シングルという条件

そして、ここに、日本など東アジアに特徴的なパラサイト・シングルという条件が加わったために、少子化が深刻化したのである。

序章や前章で述べたように、欧米でも、一九八〇年代から、若者の経済状況が悪化した。若年失業率は高まり、若年の低収入者も増えた。日本以上にニューエコノミーの影響を若者が受けた。

しかし、学卒後に親から自立が求められる社会では、若者は、将来の収入見通しがたたなくても、自分で生活をしていかざるを得ない。その時に、社会保障に頼るにしろ(北西ヨーロッパ）、少ない収入で暮らさざるを得ないにしろ（アメリカ）、二人で暮らした方が有利になる。つまり、結婚にしろ同棲にしろ、一人で暮らすよりは、はるかにましな生活ができる。

そして、ヨーロッパの多くの国々では、政府が若者対策に乗り出した。貧困に陥っている若者を放置していては、社会不安に陥る。そこで、特に、子どもを産み育てる若者に対する経済的手当や就業対策が手厚くとられた。つまり、低収入で非正規雇用に就かざるを得なくても、子どもを育てて「人並みの」生活を送ることができる条件を整える。社会福祉制度が遅れていると言われているアメリカでさえ、貧困層向けのプログラムが充実しているのだ。

しかし、親と同居して待つことができる日本では、結婚し、独立して、あえて生活水準を下げなくてもかまわない。経済の構造転換が若者に不利な条件で始まったということは、逆に、中高年の親世代の雇用や収入が比較的守られたということである。

つまり、若者は、リッチな生活を営むために親にパラサイトするというよりも、パラサイトしなくては暮らしていけない状況に追い込まれたのである。親が政府に代わって、若者の社会保障を行っているようなものである。だから、政府が「若者対策」をほとんどしなくても、大きな社会不安は起きないで済んでいたのだ。

それゆえに、低収入の若者が「自立」して（希望をもって）生活することができる「社会的条件」の整備が遅れ、それが、一九九〇年代後半から始まる少子化の深刻化をもたらしたのだ。

2　未婚化の更なる進展

非正規雇用の未婚者の増大

低収入者や将来の収入増加が期待できない男性は結婚しにくいという状況の中で、現実にそうした男性が増えれば、未婚率は増大するのは当然である。

図6‒5を見ていただきたい。これは、一八〜三五歳までの未婚者の就業状況を示したものである。

一九八二年では、学生を除けば、未婚男性の九割以上が、正社員もしくは自営業(家族従業者、つまり跡継ぎを含む)であった。当時は終身雇用、年功序列賃金の慣行が健在で、大きな収入の伸びが期待できなくても、結婚すれば生活できる見通しはついただろう。しかし、一九九〇年代半ばから非正規雇用が、男女ともに増大した。一九九七年には、男性のパート・アルバイトが増え始めた。二一世紀に入ると、学生を除けば正社員と自営業を合わせても、未婚者の三分の二程度に減少し、他方、非正規雇用、無職を合わせると、三分の一にまで増えるのである。

ここまで、男性の非正規雇用が高まれば、未婚率も高まる。日本社会は、「男性が基本的に

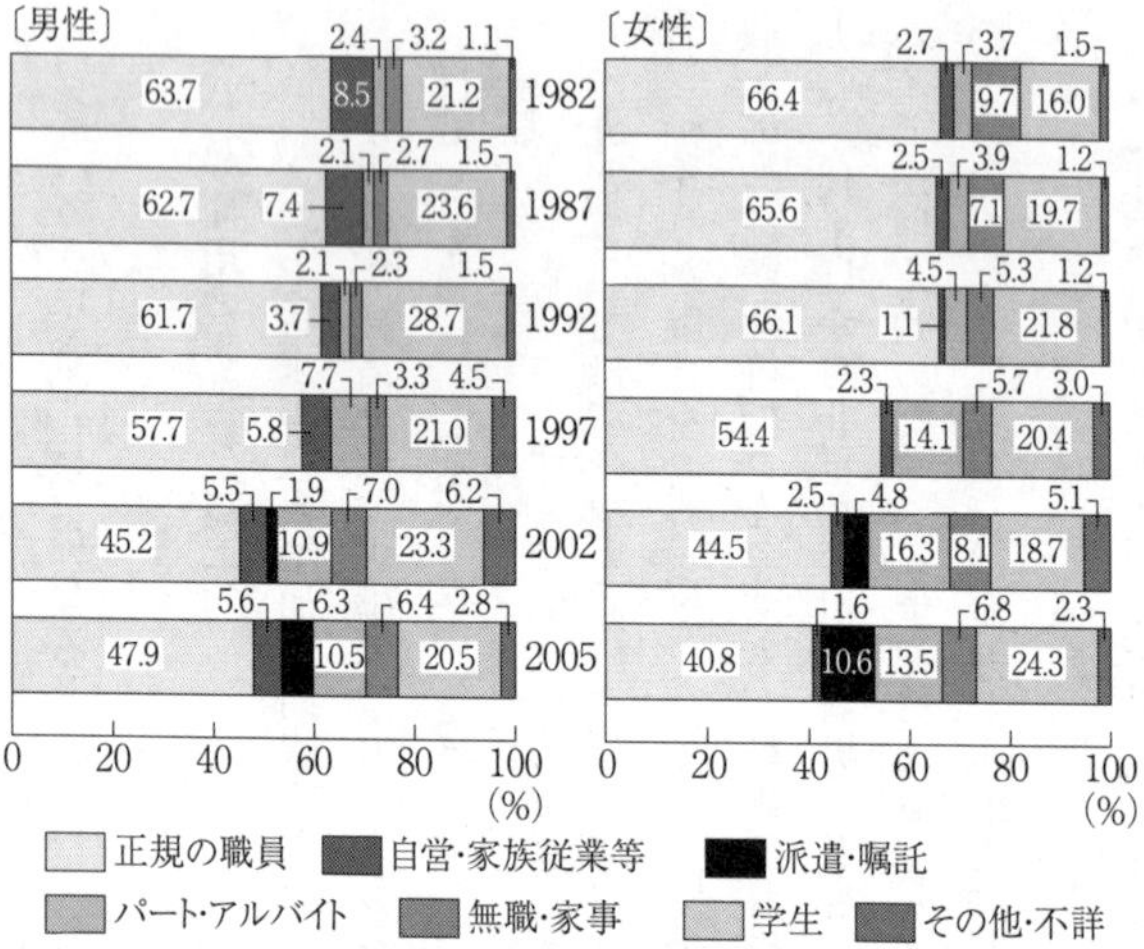

注：18〜34歳の未婚男女．派遣・嘱託の区分は2002年の調査から追加された

出典：『結婚と出産に関する全国調査』国立社会保障・人口問題研究所，2005年

図6-5　未婚者の就業状況の推移

家族の収入を支える」意識が根強いことは、二一世紀に入っても、その傾向は変わらない。図6−6の調査結果を、5章3節のスウェーデンの結果と比べていただきたい（図5−9参照）。日本では、共働きの既婚女性でも、男性が収入を支えるのが当然と回答する人が八割を占める。

男性未婚者の年収と、女性未婚者が男性に求める収入のギャップ

収入が不安定な男性は、そもそも女性から結婚相手とみなされなくなっている。多くの結婚相談所では、男性の入会条件を「定職の

ある未婚者」に限っていることからも分かる。

次は、先に紹介した調査から得られたデータである。女性はそもそも男性にどのくらいの年収を求めているかは、今まで調査されてこなかった。国立社会保障・人口問題研究所の調査では、相手を選ぶ際に「年収」を重視するかという質問項目はあるが、どの程度の年収を求めているかは、聞いていない。

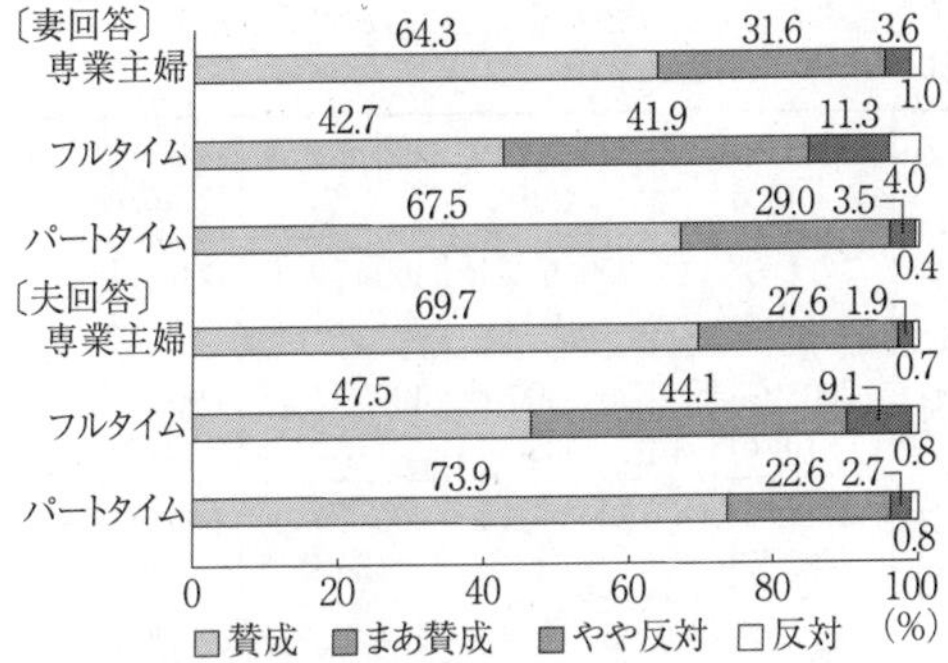

出典：「現代核家族調査」家計経済研究所

図6-6 「夫は収入を得る責任をもつべきだ」への賛否(日本)

そこで、前節で紹介したように、東京と青森県で二〇〇三年に若者調査を行った時、未婚者に対して、結婚相手に希望する年収を聞いてみた。男性では、東京、青森とも九割近くの男性は「こだわらない」と回答している。

しかし、表6-1で見る通り、女性の場合、年収にこだわらないという人は、東京、青森ともに三割程度いる。しかし、青森では、五割以上の未婚女性が年収四〇〇万円以上の男性を求めている。だが、現実に、青森の未婚男性で四〇〇万円以上を稼ぐ人

表6-1　男性未婚者の年収と未婚女性の結婚相手の男性に対して期待する収入(%)

青森	未婚男性の年収	200万円以下 (47.9)	200–400万 (49.6)	400–600万 (1.7)	600万以上 (0.9)
	未婚女性の期待	こだわらない (30.5)	200万以上 (16.1)	400万以上 (39.8)	600万以上 (13.6)
東京	未婚男性の年収	200万以下 (33.8)	200–400万 (43.2)	400–600万 (19.5)	600万以上 (3.5)
	未婚女性の期待	こだわらない (29.7)	200万以上 (4.3)	400万以上 (26.8)	600万以上 (39.2)

出典:『若者の将来設計における「子育てリスク」意識の研究』2004年

は、調査によれば、わずか二・六%しかいない。東京では、四〇〇万円以上で区切れば六六%とほぼ三分の二の女性であり、六〇〇万円以上求める女性は四割近くいる。

更に詳しく分析すると、東京では、学歴が高いと、相手にも高年収を望む割合が増え、東京で短大、大学卒業の未婚女性は、相手の年収として八〇〇万円以上を望む人が、一六・二%に達している。東京では未婚男性の年収も高いが、それでも、四〇〇万円以上が二三%、六〇〇万円以上で三・五%にすぎない。

未婚者数は男性が多いことを考慮しても、大きなミスマッチが生じてしまっている。

パラサイト・シングルの変質

前章で、ほとんどの親同居未婚者、いわゆるパラサイト・シングルは、決して結婚を拒否しているわけではなく、親と同居しながら、よい結婚の条件が揃うまで待っているのだと述べた。一九九〇年頃には、未婚男性（これは、親同居者に限らないが）は、自分の収入が上がりさえすれば、結婚相手が見つかると考え、一方、未婚女性は、いつかは、期待通りの収入を稼ぐ男性と出会えて、結婚するものだと考えていたと思われる。

一九九〇年代後半には、その期待が裏切られる。年齢を重ねても収入が上がらない未婚男性が増え、その結果、期待通りの収入を稼ぐ男性と出会えないまま年を重ねる女性も一方で増える。そして、パラサイト・シングルの高齢化が起きる。そして、それ以上に深刻なのは、不安定雇用の親同居未婚者が増えたことである。その状況を見ていこう。

結婚相手として排除される男性フリーター

男性の不安定雇用者は、結婚相手として選ばれにくい。労働政策研究機構の二〇〇五年度の調査を示しておいたが（表6－2）、男性の結婚しやすさは、年収でほぼ説明がついてしまうことが、このデータでも分かる。

特に、非正規雇用者は、雇用が不安定なので、かりに年収が同じであっても結婚には不利な立場になる。「結婚後の生活を支える」ためには、安定した収入の見通しが必要だからである。いつ仕事がなくなるか分からないフリーターは、結婚相手として選ばれにくいし、男性自身も、現状のままでは結婚できないと「諦めている」のだ。

表6-2　年収別に見た婚姻率(%)

年収(円)	男　性(年齢)			女　性(年齢)		
	20-24	25-29	30-34	20-24	25-29	30-34
収入なし,50万未満	3.4	12.7	26.5	18.7	59.6	82.0
50-99万	3.2	10.2	27.1	17.7	63.5	80.4
100-149万	5.4	15.3	29.6	7.0	30.5	55.2
150-199万	7.0	17.4	34.0	3.5	16.2	39.2
200-249万	10.4	22.8	40.8	3.8	17.8	38.1
250-299万	10.5	26.3	42.3	5.0	17.9	31.3
300-399万	16.2	35.6	52.9	6.4	21.4	40.6
400-499万	25.2	43.9	62.5	6.8	27.6	45.8
500-599万	19.3	52.7	71.0	7.7	33.7	49.6
600-699万	28.1	57.6	78.9	2.9	32.0	55.2
700-799万	35.7	52.2	76.6	0.0	24.7	39.8
800-899万	24.2	50.8	74.3	0.0	21.9	59.1
900-999万	62.0	42.3	65.1	—	22.4	67.4
1000-1499万	6.0	72.5	71.1	—	34.4	44.2
1500万以上	0.0	73.9	90.0	0.0	0.0	74.7

出典：『労働政策研究報告書2005』労働政策研究・研修機構

私は、フリーターや契約社員など不安定雇用の若者一〇〇名以上に、自らインタビュー調査してきた。

ロックスター志望、作曲家志望、そして野球選手志望など「夢追い型」と言われるフリーターが男性には多かった。また、夢の中でも、毎年消防士試験を受けては落ちる人、塾講師などをしながら教員をめざす者もこのカテゴリーに含まれる。結婚について尋ねると一様に、「夢が叶ったら結婚する」と答える。しかし、客観的に見て、彼らの夢が叶う確率はそれほど高くない。恋人・彼女の有無を尋ねると、半数くらいの非正規雇用者には彼女がいるが、年齢が二五歳前後の人が多い。そして、

「彼女からは結婚したいなら夢を諦めて定職に就けと言われている」と答えるフリーターも何人もいた。一方、概ね三〇歳以上のフリーターは、過去にいたが今はいないと答えるものが多かった。つまり、フリーターを続けて年齢が上がるうちに、彼女と別れてしまい、現在、恋人募集中とも言えないというのが現状であろう。

結局、彼らは、非正規雇用に就きながら、実現確率が低い夢をみるしか自分のアイデンティティを保つ手段がないという印象であった。

「夢追い型」以外の非正規雇用の男性には、将来の結婚自体を諦めている人も多く見られた。被雇用者ではないが、ある小規模小売店の跡継ぎの息子は、結婚を諦めていた。「年商が年々減っていく中で、これ以上収入が増えるあてもない。嫁が来ても、お金で苦労させるだけだから、結婚したくない、このまま親を看取って、細々と商売を続けるしかない」と答えていた。

つまり、非正規雇用の男性ならその仕事をし続けることに、自営業者なら商売自体に希望をもてないことが、結婚を妨げる要因になっている。男性が家計の支え手で、子どもを豊かに育てることが結婚生活の希望という状況の下で、仕事や商売で収入増加が見込めないならば、結婚を諦める人が多くなるのも当然であろう。

見合いや結婚産業では、そもそも定職についていない男性は受け付けさえしてもらえない。

フリーターなど非正規雇用者が結婚しにくいのは、男性だけではない。近年は、女性のフリーターが結婚しにくいことが樋口美雄・慶応大学教授らの調査によって明らかになっている。
その理由は、二つあると考えられる。一つは、男性も「定職のある女性」を結婚相手に求める傾向が強まったことである。つまり、女性フリーターも、男性から選ばれにくい状況になっている。もう一つは、フリーターほど結婚相手の収入に求める基準が高くなることである。順に見てみよう。

男性の意識の大きな変化

まず、男性の意識の変化は大きい。これは、何度も引用した国立社会保障・人口問題研究所の独身者調査の一部である。一九八七年以降、毎回、女性に対してどのようなライフコースが理想であるか、予定はどうかを尋ね、そして、男性に対しては女性に期待するライフコース（つまりは、結婚相手に期待するライフコースと解釈できる）を聞いた質問である（図6-7）。

このグラフを見ると、一九九二年と一九九七年の間に大きな断絶があることが見てとれる。

女性の理想で見てみると、「再就職型」を理想とするものの割合に大きな変化はないが、一九九七年から両立志向が上昇し、専業主婦志向を上回るようになった。ただ、それでも、「三割」程度に過ぎない。

しかし、それ以上に、男性の変化が大きい。専業主婦を理想とする男性は、激減している。

特に、二〇〇五年調査では、専業主婦を理想とする独身男性は、一二・五%である。それに対し、専業主婦を理想とする女性は一九%とかなり多いのだ。専業主婦になる予定であるものはわずか一一・七%しかいないから、専業主婦になりたくてもなれないと思っている女性が少な

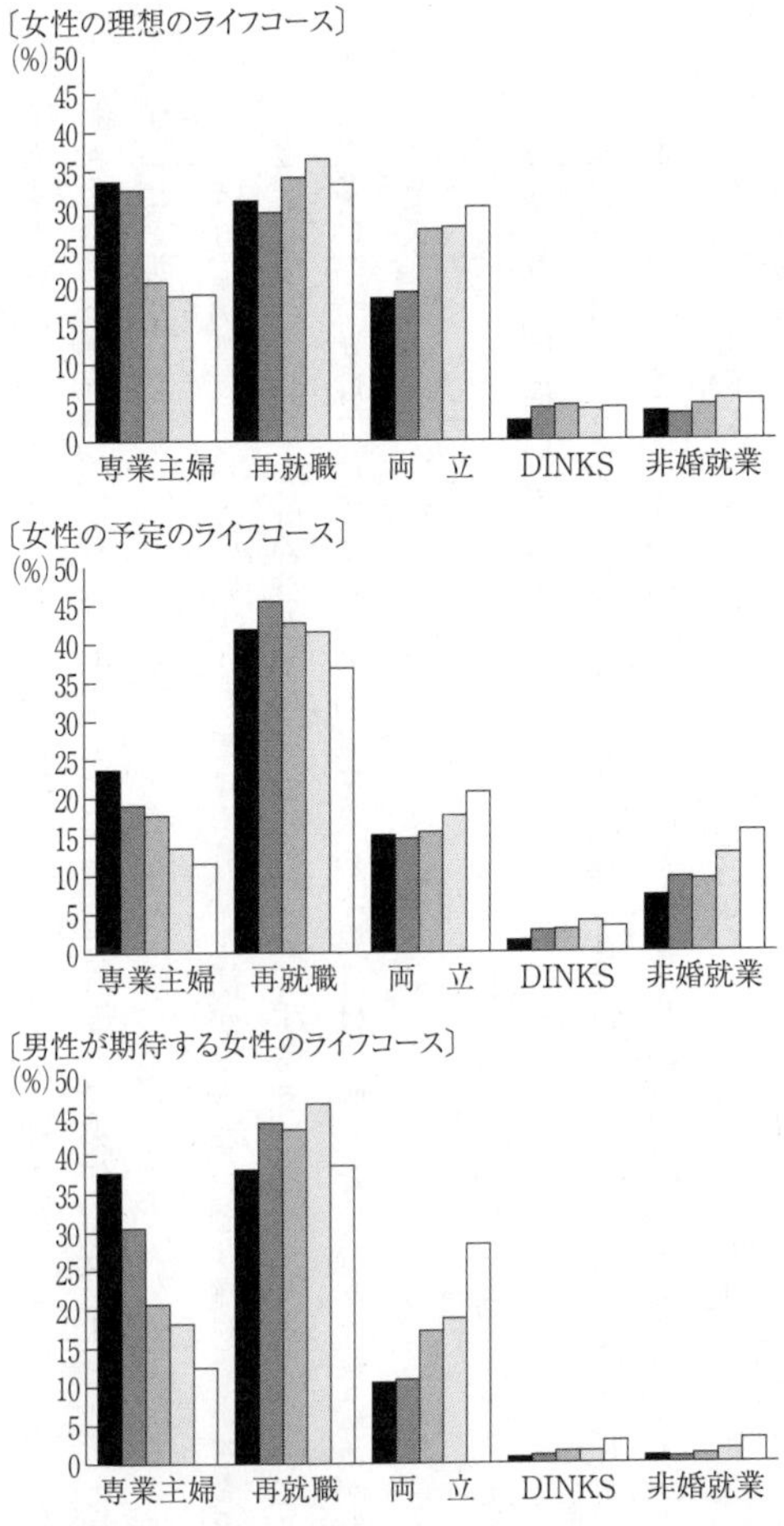

出典：『結婚と出産に関する全国調査』国立社会保障・人口問題研究所，2005 年

図 6-7　未婚女性の理想・予定のライフコース，および男性が期待する女性のライフコース

くとも七％以上いることになる（実際には、ミスマッチが働くのでもう少し多くなる）。逆に、働きたいのだけれど、仕方なく専業主婦になるだろうと考えている女性はほとんどいないということである。

つまり、男性は、自分の収入だけでは十分な生活ができないと認識している人が多いということだ。出産で仕事を辞めるが子育て後に再就職をするライフスタイルを相手に求める男性がまだ多いが、女性に仕事と育児の両立を求める男性は、両立を望む女性と遜色がない水準になってきている。

専業主婦志向に追い込まれる女性フリーター

女性が正社員であるならば、結婚相手の収入がそれほど高くなくても、当座のうちは、共働きをすれば「そこそこ豊かな」生活は可能である。しかし、収入が低いフリーターは、フルタイムに近い時間働いても、年収一〇〇万円を稼ぐことも難しい。とすると、結果的に、結婚相手の男性の収入で生活することが求められる。特に、親と同居して、比較的豊かな生活を送っていれば、相手に相当の年収を求めざるを得ないのだ。高収入の若者どころか、正社員自体が減っている状況では、結婚可能な相手の絶対数が不足するために、結果的に結婚せずに年を重ねることになる。つまり、「専業主婦志向に追い込まれる」ものの、専業主婦でいさせてくれるほど収入が高い男性はいなくなっているのだ。

私がインタビューした非正規雇用の女性の大部分は「主婦」希望であった。一九九〇年代末、ある地方都市で三〇歳のフリーター女性(親同居、国立大学法学部卒、年収一〇〇万円程度)にインタビューした時、将来の希望はと聞いたら、「結婚して主婦になって子どもを育てて、手がかからなくなったら、趣味をして、夫が引退後は悠々暮らしたい」という答えが返ってきた。私が、もし、結婚できなかったらと質問したら、たいへん戸惑っていた。別に恋人もいないし、お見合いをしているわけではない。だけど、いつか、収入が安定した結婚相手が見つかると信じていたのだ。

同じ頃、東京で、二五歳の派遣社員女性(親同居、私立大学理学部卒、年収二〇〇万円程度)にインタビューした。彼女は、年に二カ月ドイツで暮らすために、あえて、派遣を選んだという。会社員の彼はいるのだが、年収は少ないそうだ。彼は共働きで結婚しようと言っているのだが、結婚したら仕事を辞めて専業主婦になりたいから、彼の収入が高くなるまで、親と同居して待っているという。典型的な先延ばしである。私が、「でも、このご時世だから、彼の収入が高くなるとは限らないよね」と水をむけると、彼女は、「そうなんですよ、山田先生。だから、私、派遣会社に頼んで一流企業に派遣してもらって、彼以上の年収を稼ぎそうな男性を探しているんですよ」と答えられてしまった。

仕事を続けたい非正規雇用の女性は少数派

彼女らは、仕事を続けたくて結婚しないわけではない。フリーターや派遣社員の彼女たちのほとんどが従事しているのは、いつ辞めても惜しくない単純な定型労働なのである。実際、女性フリーターに、結婚後、今やっている仕事を続けたいかと聞いても、彼女たちのほとんど全員が「できることなら続けたくない」と答えていた。

彼女たちは、朝から晩までデータの打ち込み、朝から晩までコピー取りなどの雑務、朝から晩まで「いらっしゃいませ、ポテトいかがですか」と言い続ける仕事についている。収入が十分ある夫と結婚できたなら、このような仕事はしなくてすむと考える彼女たちを非難することはできない。けれども、十分な収入を稼ぐ男性はますます減少している。だから、結婚できずに、仕事をし続ける。こんな状況に彼女たちは置かれているのだ。

そして、これは、正社員として勤めている女性にもある程度はあてはまるのではないか。正社員の女性が全てキャリア的な仕事をしているわけではない。男性以上に、収入が上がらない正社員女性、昇進ルートから外れる正社員女性は多い。やりがいのない仕事を続けるくらいなら、ゆっくり子育てしたいと考える女性が多くなってもおかしくない。

更に、キャリアを積んでいる女性でも、仕事に疲れている人が多い。私のゼミ生が二〇〇六年度の卒業論文で女子医学生へのインタビュー調査をまとめた。そこでは、子どもが生まれたら一旦仕事を辞めたいと希望を述べる女子医学生が何人もいたのである。仕事を辞めても復帰しやすい職業として医師を選んだというケースもあった（二〇〇六年度、澤田千紘学芸大学卒論）。

先の調査（図6-7）でも、出産後も仕事を続けたいと思う未婚女性は、二〇〇五年時点でも三割である。それぞれ五％の非婚就業、DINKSを加えても、今している仕事を一生続けたいと思う未婚女性は、四割程度である。これは、だいたい、女性の四年生大学進学率を多少上回る程度の数字である。六割程度の未婚女性は、結婚、出産をきっかけに一度は仕事を辞めたいと思っている。そして、仕事を辞めて生活するためには、「男性の収入」が高くて安定していなければならないのだ。

男女共同参画への転換の遅れ

ここで、もう一度、結婚、子育ての経済的条件に立ち戻ってみよう。

「自分と配偶者二人で将来稼ぎ出せると思われる所得水準の将来見通し」が「結婚生活、子育てには、これだけの水準を求めたい」という希望を上回れば、結婚、出産は促進される。逆ならば、結婚、出産は抑制される。

日本では、パラサイト・シングル現象があるために、「結婚生活、子育てに期待する生活水準」は、なかなか低下しない。結婚後の生活も独身時代以上の水準に保ちたい、自分が受けた教育レベル以上のことを子どもにしてあげたいと思う気持ちを非難することはできない。

とすれば、「男性一人」で結婚後の生活を支えることから、夫婦共働きで稼ぎ出すことへの転換がうまく行けば、二人で将来稼ぎ出す所得水準の将来見通しが、期待水準を上回り、結婚（同棲を含む）、出産が促進されるはずである。実際、北西ヨーロッパやアメリカなどでは、この転換がうまく行ったことは、5章で述べたことである。

日本でも、一九八五年に男女雇用機会均等法が成立し、女性が差別なく働く条件が整った。更に、育児休業法の成立やエンゼルプランの策定などで、出産が仕事を継続することに障害にならない環境が整いつつある。

だが、日本では、タイミングが悪かった。女性の職場進出が本格化すると同時に、ニューエコノミーが浸透し、若者の雇用の二極化が進み、フリーターや派遣社員などが増えた。正社員になっても、成果主義の導入により、全員の昇進が期待できない職場も多い。これは、女性差別が原因という以上に、新しい経済が、男女ともに、非正規雇用を増やし、正社員の処遇格差を進めたという方が正しい。つまり、男女雇用機会均等法ができたと同時に、未婚女性の非正社員化がかえって進んだのである。

欧米では、結婚（同棲）後の男女が生活していくためには、低収入で昇進が期待できない仕事であっても、それをやり続ける以外の選択肢がない。日本では、男性も同じように、選択肢はない。一方、女性には、「十分な収入の男性と結婚できたら、低収入の仕事はしなくてすむ」と思いながら、親と同居して、「チャンス」を待ち続けるという運頼みの「選択肢」が用意されてしまったのだ。そして、中には、そのチャンスに恵まれて、安定した収入、まれには高収入男性との結婚生活を送れる人もいる。しかし、待ち続けてチャンスに恵まれない女性も多く残される。その結果が、二〇〇五年時点の三〇代前半女性の未婚率三二％という数字に表れている。

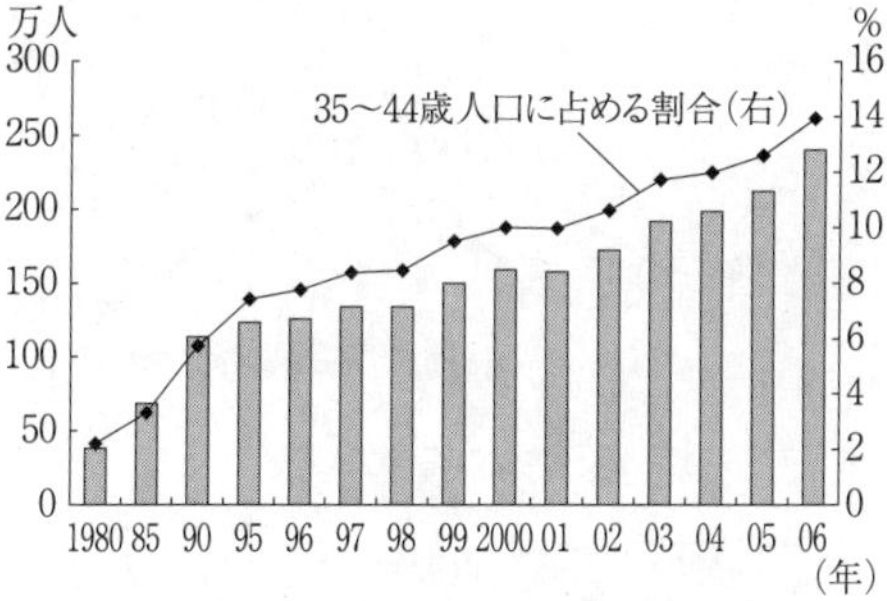

出典：『統計』2007 年 2 月号，日本統計協会

図 6-8　親と同居の壮年未婚者(35～44 歳)数の推移

パラサイト・シングルの高齢化

三〇代になれば、専業主婦志向の未婚女性が希望通りに結婚するチャンスは少なくなる。なぜなら、同年代の収入が高い男性は、あらかた結婚しているからである(高収入の男性ほど、若くして結婚する傾向にある)。いくら結婚したいからといって、収入が不安定な男性とでもかまわないという女性、特に、低収入の女性は少ないだろう(もち

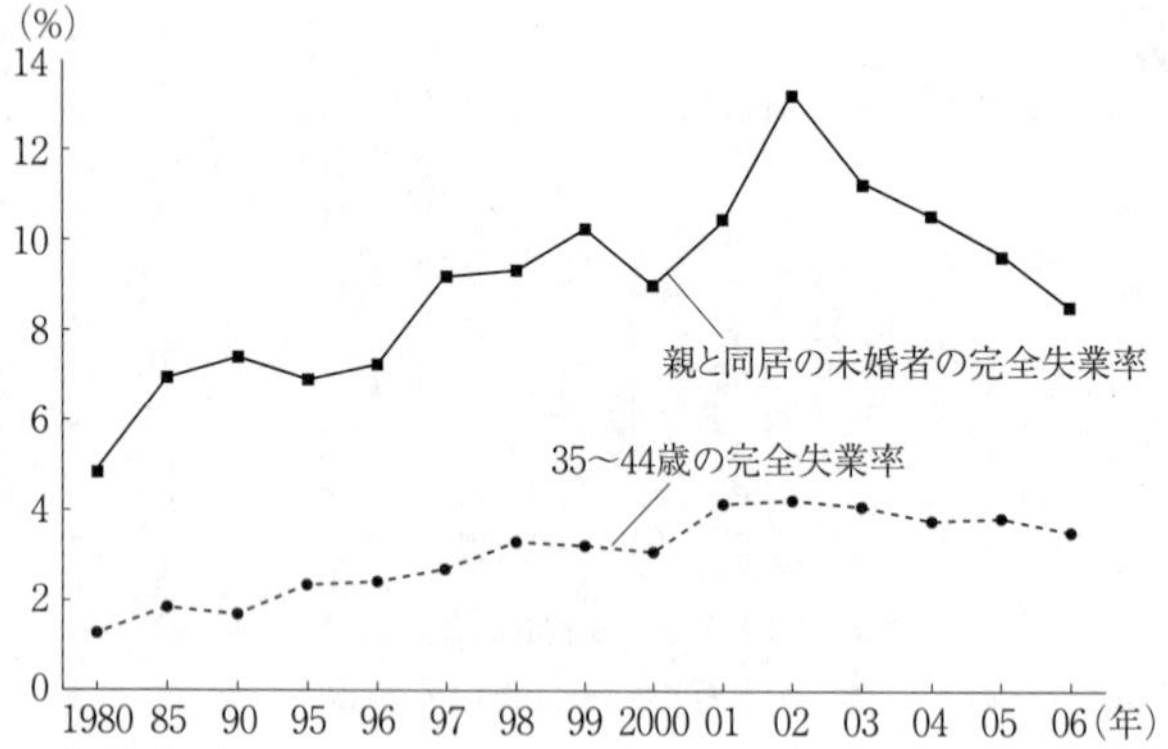

出典：同前

図 6-9　親と同居の壮年未婚者(35〜44 歳)の完全失業率の推移

ろん、収入の高いキャリア女性が、フリーター男性と結婚するというパターンも今後増えてくるとは思うが)。

結婚相手が見つからない男性未婚者も、収入低下で一人暮らしができないゆえに、親と同居し続ける割合が増えている。

そうすると、親同居未婚者が高年齢化し始める。統計研修所の西文彦氏の計算によると、壮年親同居未婚者は、近年急速に増加している(図6-8)。二〇〇六年の時点で、三五〜四四歳までの年齢層のうち、一三・九%、二四〇万人を突破している。彼らの完全失業率は、八・八%(図6-9)。就業者の中で非正規雇用者の割合は、男女とも約一割である(図6-10)。つまり、壮年親同居未婚者のうち、二割弱(約五〇万人)が失業者か不安定な非正規雇用者ということになる。

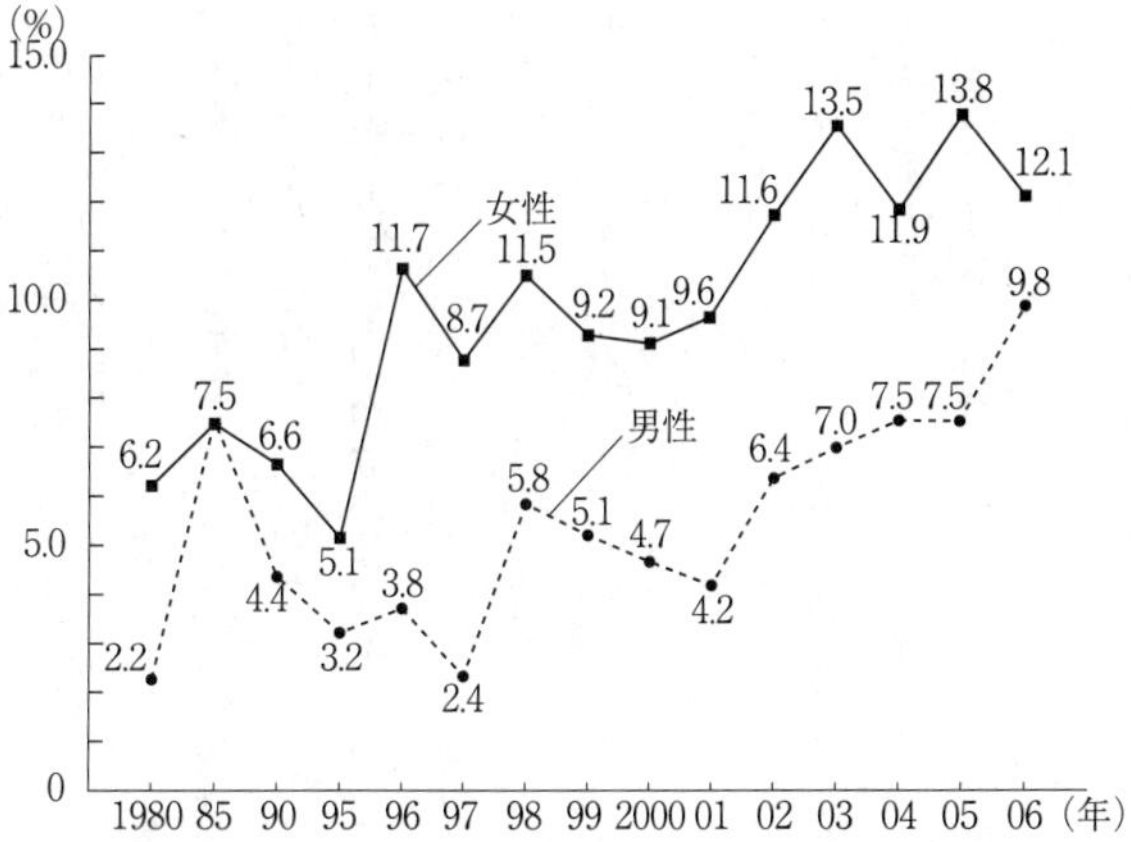

出典：同前

図 6-10　親と同居で未婚の臨時雇・日雇割合の推移

一九八〇年には、壮年親同居未婚者はわずか三九万人、うち失業と不安定雇用者合わせても四万人程度だったことを考えると、二五年で一〇倍以上増えたことになる。

そして、現在、親同居未婚者やフリーターの主力は、二〇代後半から三〇代前半である。非正規雇用者が正社員になる割合は近年低くなっている。今後、無収入、低収入の壮年親同居未婚者が増大することが予想される。

親の見合い

親同居未婚者がここまで高齢化すれば、親が心配しないはずはない。そこで今、「親の見合い」がブームになっている。親の代理見合いともいい、子に代わって、親同士が先に見合いをして、お互いが気にいったら、子ども同士の見合いに進むというものである。

結婚相手を紹介する結婚情報サービス業界では、親に連れられて入会する未婚者が多いことはよく知られた事実である。これに目をつけたある業者が、未婚者の親同士のお見合いパーティーを開いたところ、申し込みが殺到、以後、定期的に開くようになっている（商標登録までしている）。それから、いろいろな所に広がり、ある共済組合でも、組合員本人ではなく、その未婚の息子や娘向けの親同士のパーティーを全国各地の施設で開催するようになった。

実際に子の見合いに進む率、子同士が結婚する率は、それほど高くないと言われている。とにかく、この企画は、親には大好評で、パーティー会場は、写真や釣書をみせながら息子や娘自慢をする五〇代、六〇代の夫婦であふれかえるという。

国際結婚の増大

パラサイト・シングルの高齢化と並んで、この一〇年の間に顕著になったのが、国際結婚の増大である。

戦後、日本の国際結婚は、在日韓国籍、朝鮮籍の人との結婚が多数を占めていた。しかし、ここ一〇年は、フィリピン、中国、タイなどのアジア諸国、南米、欧米諸国が増え、相手国の多様化、それも、日本生まれでない外国人（ニューカマー）との結婚が増えている（図6-11）。す

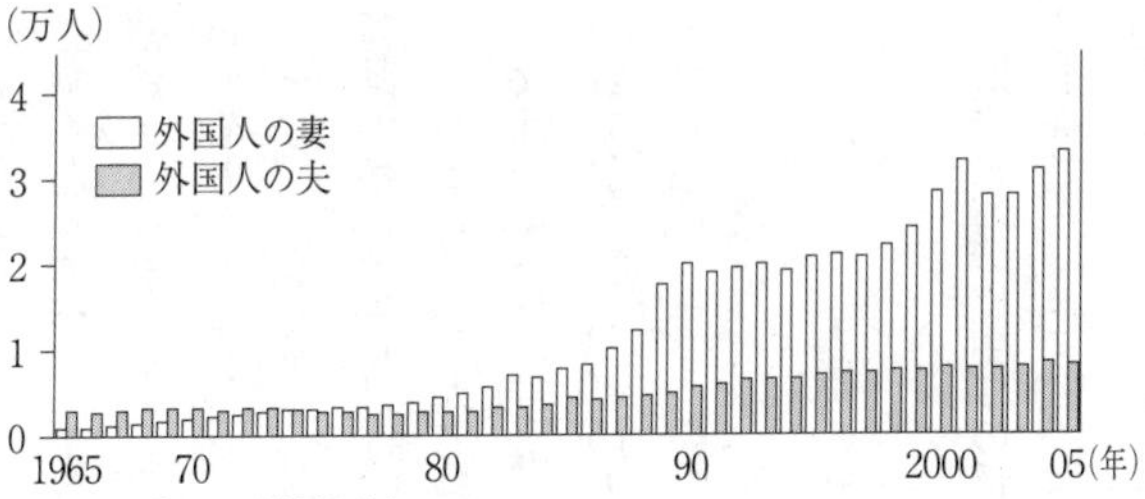

出典：『人口動態統計』

図 6-11　国際結婚の相手外国人の推移

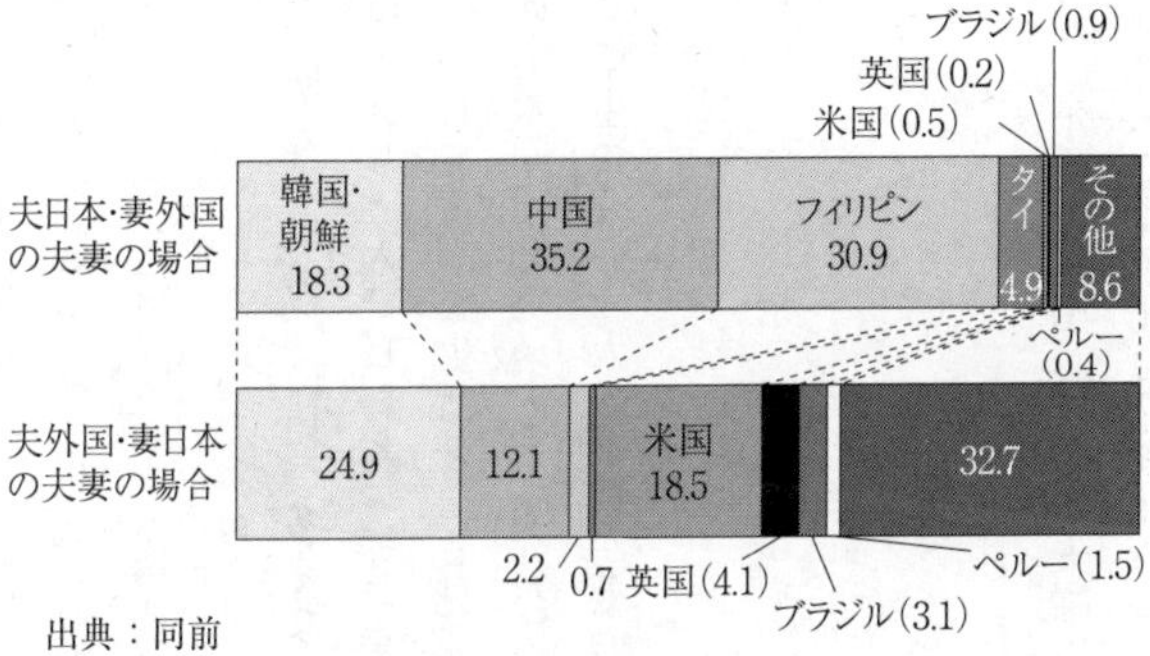

出典：同前

図 6-12　国際結婚の国籍割合(2005 年，％)

でに結婚全体の五％以上に達しているのだ。

そして、結婚相手の国籍の男女差も著しくなっている(図6−12)。ここ一〇年では、特に、アジア諸国や中南米のニューカマーと日本人男性との結婚が増大している。つまり、これらの国では、「結婚生活に期待する生活水準」が日本人女性に比べて低いので、収入が低い男性であっても、結婚生活が始められるのだ。

もともと、一九八〇年頃、地方農家の跡継ぎ男性の結婚難を解消する一手段として、フィリピン女性を嫁として紹介することから始まった傾向だが、最近は、農家よりも、都市部で多くなっている。来日した外国人女性と出会ったり、海外を旅行中に女性と知り合って恋愛結婚というケースもあるだろうが、多くは、斡旋《あっせん》する機関に紹介を依頼し、「見合い」して結婚するものが多い。

一方、日本人女性の場合は、増え方は男性に比べ多くない(図6-11)。在日軍人との結婚(沖縄県で多い)を除けば、多くはアメリカ人でビジネス等で来日したキャリア男性との結婚が多い。つまり、「二人で働いて結婚して豊かな生活を送る見通し」がつくのである。また、日本人女性の場合は、海外(主に英米豪)に行き、そこで知り合って結婚するパターンも多くなっている(ちなみに、私のゼミの卒業生のうち二人の女性がそのパターンで結婚しアメリカで暮らしている)。

3　夫婦の産み控え

既婚夫婦の出生率の低下

1章で述べたように、一九九〇年代に結婚している夫婦の出生率が低下していることが確認されている。そして、それが、日本の少子化を深刻化させた要因であることがはっきりしてき

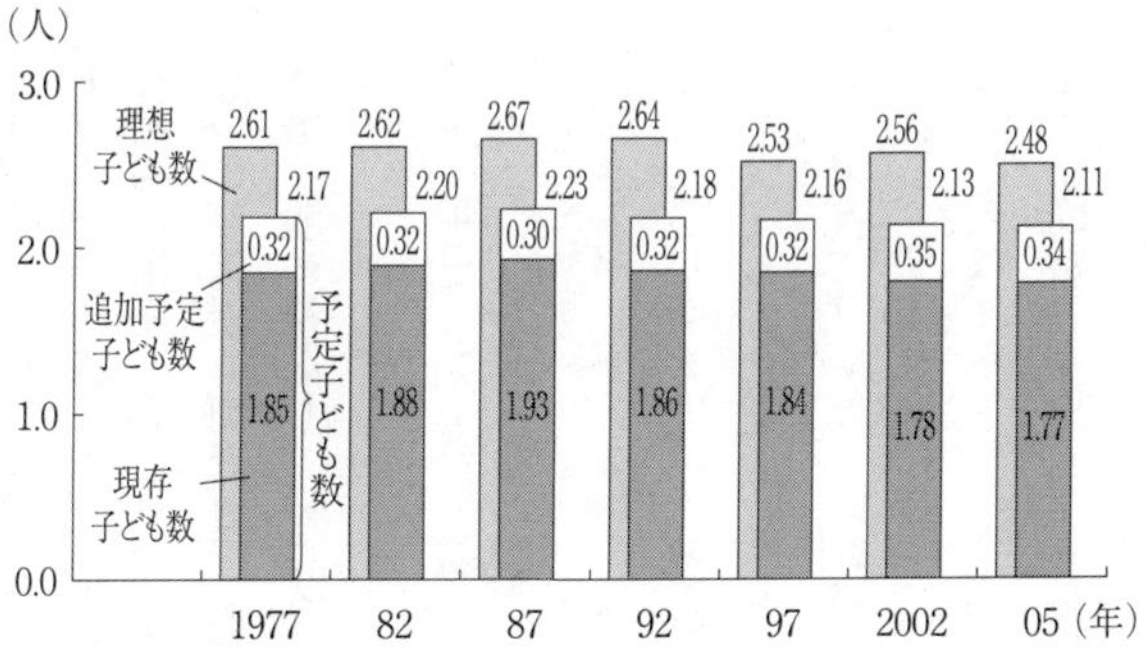

出典:『結婚と出産に関する全国調査』国立社会保障・人口問題研究所,2005年

図6-13　平均理想子ども数と平均予定子ども数の推移

た。先に述べたように、一九九〇年頃までの少子化は、ほぼ、晩婚化と未婚化で説明できたのだが、一九九〇年代には、結婚しても子どもを今まで通り産まないようになったのである(図6-13)。

夫婦がどのようにして子どもを産む決定を下すかという研究はほとんどなされていない。国立社会保障・人口問題研究所の岩澤美帆氏によると(「人口学からみた少子化」『家族研究年報』三一号)、一九九八年には、全妊娠の四〇～六〇%が「意図せざる」妊娠で、出生に関しても、婚前妊娠を含め三〇～五〇%が「意図せざる出産」と推定している(一〇%の差が人工妊娠中絶分ということになる)。

たとえ、出産を意図したとしても、意図通りに妊娠、出産に至るわけではない。また、避妊、人工妊娠中絶、そして、セックスをしないことによって、意図的に出産を抑制することはできる。戦後、ほぼ、一定だった夫婦あたりの平均子ども数が減少したということは、晩婚化による影響を差し引いたとしても、意図的に出産を抑制する要因が発生したことを意味する。

意図的に出産がなされなくなった要因も様々なものが考えられるが、私は、現時点では、次の三つの要因が有力だと考えている。①経済的要因、②セックスレス(夫婦間セックスの減少)、③離婚。順に検討していこう。

ニューエコノミー進展と将来の生活不安

もっとも有力なのが、「経済的要因」である。これは、「未婚化」と同じロジックで考えることができる。

一九九〇年頃までは、結婚した夫婦は、平均二・二人産んでいた。ということは、「夫婦で稼ぎ出す収入の将来見通し」と「子育て生活に期待する水準」が、二・二人の子どもで均衡していたと考えてよい。この頃までは、将来の収入の増加が期待できる男性が結婚できていたと考えられる。低成長期になって、多少、収入の伸びが落ちても、妻のパート収入で補うこともできたと考えられる。

様々な既婚者対象の調査を見ると、子どもを「もう産まない」第一の理由として挙げられるのは、「子どもの教育費にお金がかかる」という選択肢である(年齢が高くなると、高齢だからというのに支持が集まるが、これは、どちらかというと「非意図的」理由である。だから、意図的に出産を抑制する要因は「子どもの教育費」にあるとみてよい)。

一九九〇年頃までは、「子どもの教育費にお金がかかる」と言いながら、結局は平均二・二人を産み育てていたのである。とすると、「子育て生活に期待する生活水準」の上昇が、一九九〇年代後半からの夫婦出生率の低下をもたらしたとは解釈しにくい。確かに、ゆとり教育への不安から、「高学歴層」が塾費用を増やしたり、私立中学への受験率が高まっている(図6-14)。

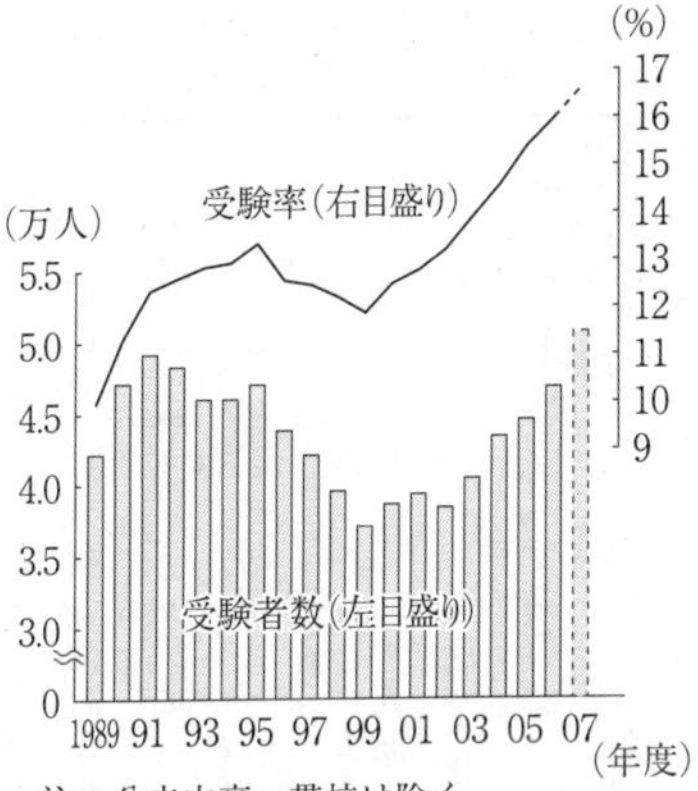

注:公立中高一貫校は除く
出典:四谷大塚進学教室推定

図6-14　首都圏1都3県の私・国立中学校の受験者数と受験率

しかし、塾費用の上昇や私立受験率が高まるのは、二一世紀に入ってからである。ベネッセの調査によると、一人あたりの教育費用は、一九九五年から二〇〇〇年にかけて、一度落ちている。そして、二〇〇五年で再び上昇している。

すると、一九九〇年代後半に起きたのは、「将来夫婦で稼ぎ出す収入の見通し」が悪化したことだと考えるべきである。1節で述べたように、一九九〇年代後半から、年功序列制が実質的に崩れ、正社員であっても収入が増える保証はないという状況に置かれる。収入が高くなっている中高年はともかく、子どもを産み育てようとする若年夫婦は、夫の収入が今後増えないかもしれないという意識をもつ。すると、「リスクヘッジ」として、子どもの産み控え、つまり、新婚の夫婦は、子どもの出産を先延ばしし、もうすでに一人産んでいる夫婦は、二人目を先延ばしにする。

表6-3　将来生活意識別の追加予定子ども数(人)

	青森	東京
今以上に豊か	1.00	0.75
現在と同じ	0.83	0.61
豊かでなくなっている	0.50	0.52

出典：『若者の将来設計における「子育てリスク」意識の研究』

表6-3は、何度も引用した青森と東京で二〇〇三年に行った調査であるが、将来の収入に不安がある夫婦ほど、これから産む予定の子ども数(追加予定子ども数)が少なくなることが分かる。これも、単なる主観的「不安」であり、収入が上がる人もいると言うかもしれない。しかし、何度も言うが、子どもを産み控えるためには、「不安」があれば十分なのだ。

母親の就労の「壁」

このような状況に対して、子どもをもつ女性が就労する条件を整えれば、子どもの教育費用のめどが立つと考えるのは正しい。よく言われるように、保育サービスが整っていないことや夫の育児参加が少ないことが、女性の再就職を妨げる要因としてやり玉に挙がる。

しかも、ここに、ニューエコノミーの壁が立ちはだかる。いくら保育園が整備されていても、保育サービスが利用できても、夫が育児を手伝っても、女性にまともな収入を稼げる「職」がなければ、収入増加が期待できない。非正規雇用者の多くに育児休業はない。一旦仕事を辞めて、主婦になった女性は、すぐ役立つ資格（看護師とか税理士）をもっているか、よほどの能力を発揮できないと、結局は、昇進のない単純定型作業労働しか就く仕事がない。

夫の育児、家事参加について多くの調査がなされている。そして、夫の家事、育児参加を増やす最大の要因は、妻の「収入」であることが分かっている。妻の収入が高くなると、夫の家事、育児時間が増え、妻の収入が低ければ夫は、家事、育児を手伝わない傾向が見られる。

夫の家事参加が遅れているのは、妻が夫の収入に匹敵する収入をもった職に就けないことが一因である。そもそも、ニューエコノミーの影響を受けて、昇進があってやりがいがある職自体が減っている中で女性の職場進出が起きたのだ。

働き方の多様化がさかんに言われており、テレワークやホームオフィス、更には、起業などを指して母親が「出勤せずに」できる仕事が多くなったという人もいる。しかし、これらの職に就いている人がいかに低収入であるかをご存じない人が多いのではないか。ある二人の子どもをもつ主婦のフリーライターは、週に二〜三回の取材をこなし、家で原稿をまとめる。彼女は、年収一五〇万円が限界という。また、通信教育の採点作業を自宅で請け負っているある主婦は、一生懸命引き受けても、年五〇万円が限界と述べている。収入だけを考えるならば、スーパーのレジやファミリーレストランのウェイトレスのパートの方が、拘束時間は多いが、はるかに稼げるという。しかし、高学歴の主婦たちは、よほど生活に困らなければ、マニュアル通りに働けばよいという仕事に就きたいとは思わないのだ。

夫の収入低下や、将来の収入不安に対しては、むしろ、子どもの数を減らすことによって、対応しようとするのである。その結果が、夫婦出生率の低下に現れてくる。

セックスレスの増加

夫婦の出生率の低下要因と考えられるセックスレスに関しては、信頼できる統計はほとんどない。国立社会保障・人口問題研究所の鈴木透氏は、二〇〇二年の出生動向基本調査のデータを分析する中で、一九九七年調査に比べて、夫婦の「避妊実行率」が低下しているのに、「妊娠数」が減っていることに注目し、セックスレス夫婦が増えているのが原因ではないかと推測している。

子どもは、セックスの結果生まれる。夫婦であるからといって恒常的にセックスがなされるわけではない。日本は、夫婦間のセックス回数が世界的に見て少ないと言われている国である。

永田夏来氏の分析によると、セックスレスになる要因は多様である。身体的理由もあれば、夫婦仲の悪化という理由もあるだろう。子どもが生まれた後に、相手を異性として見られなくなったというケースもある。夫や妻が長時間労働で、セックスしている時間的、精神的余裕がない場合もあるだろう。

一方が子どもをもう一人もちたいのだけれどもセックスレスでできないというケースもあれば、そもそも子どもをもちたくないからセックス自体をしないというケースもあるだろう。更に、セックス自体をしたくなくなっている夫婦が増えているのではないかと私は見ている。

離婚の増加の影響

最後に、離婚の増加の影響について、述べておきたい。

離婚が増えること自体は、出生率を低めるとは限らない。アメリカでは、離婚後、再婚する人が多い。それも、子どもを連れての再婚も一般的である。先に述べたように、生活のために早く結婚するという圧力が加わるからである。特に、母子家庭や父子家庭の場合、再婚による経済的メリットはたいへん大きい。そして、アメリカでは、新しい配偶者との間にも、二人の「愛の証」として、子どもをつくろうとする傾向が強いと言われている。結婚二組のうち、一組が離婚に終わるアメリカで、出生率が高くなるのも、この理由が寄与しているとの意見もある。しかし、私が、ある研究会でデンマークの人口学者に口頭で確認したところ、デンマーク

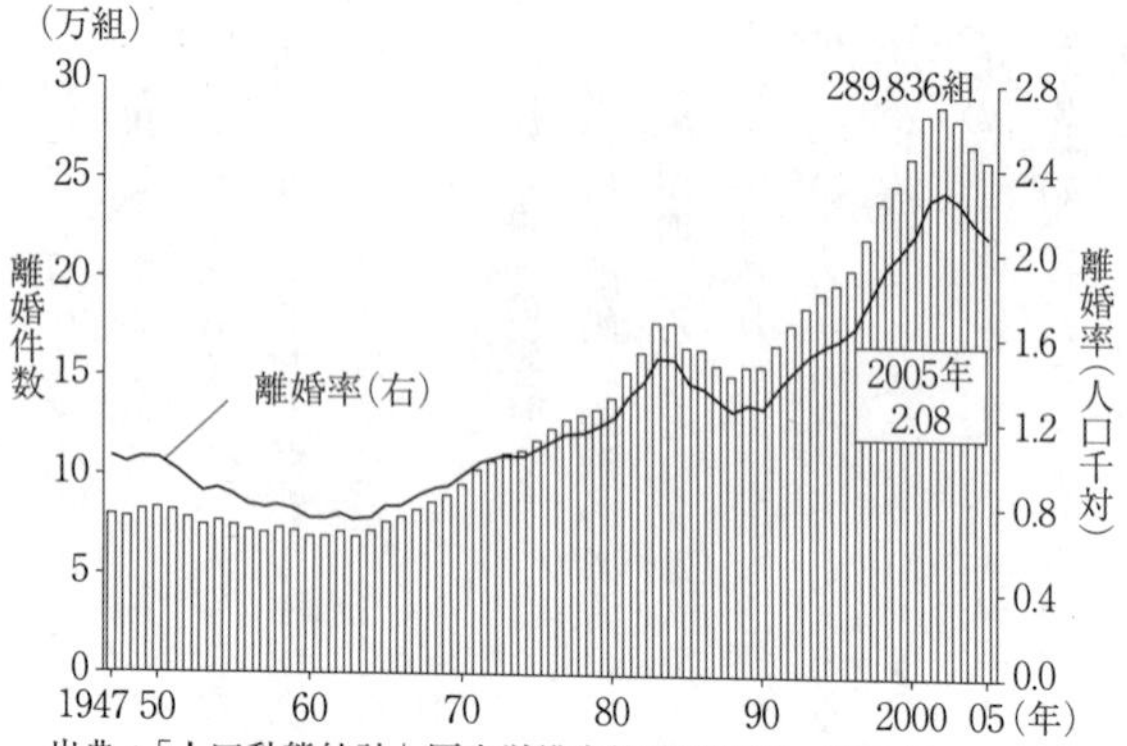

出典:「人口動態統計」厚生労働省統計情報部, 2005 年

図 6-15　離婚件数および離婚率の推移

では、再婚(再同棲)者が、新たに子どもを産みやすいというデータはなく、離婚(同棲解消)は出生率にはマイナスの効果をもつということなので、離婚―再婚が出生に寄与するというのは、アメリカの文化的事情かもしれない。

日本では、再婚する割合は多くない(三年後で五〇%程度)し、再婚後に子どもをもつ割合も多くない。そのため、結婚し続けている「女性」に比べ、離婚した「女性」が子どもをもつ率は低くなる。国立社会保障・人口問題研究所では、「離婚係数」を用いて、離婚の増大による影響も計算に入れて将来人口推計を行っている。

離婚が大きく増えるのは、やはり、一九九〇年代後半なのである(図6-15)。子どもを産み終わった熟年離婚の増加も大きいが、やはり、離婚の主力は、結婚後数年以下の夫婦であり、この離婚の増大が、夫婦の出生率の低下に寄与している。

離婚にも、経済的要因が大きく関わってくる。私たちのグループが、二〇〇四〜〇六年にかけて、離婚に関するインタビュー調査（首都圏、関西、岡山、青森）および質問紙調査（大阪、東京）を行ったところ、夫が失業したから子どもを連れて実家に帰ったというケースに出会ったのである。

三〇歳から五九歳（二〇〇五年時点）までの離婚経験女性のうち、離婚理由として「夫の失業、倒産」を挙げた人は、約二割いた。そして、離婚した女性に、元夫に不満だった点を聞いたところ、「収入が低い点が不満」と回答する女性が六割もいた（複数回答）。

夫の失業や収入の低下が、将来の収入を稼ぐ夫の能力への疑問となり、それが夫への嫌悪感につながり、結果的に見切りをつけるというパターンが増えているようである。私は、一九九〇年代後半からの離婚の増加のかなりの部分が「夫の収入の不安定化」によって説明できるという仮説をもっている。

経済状況の変化が夫婦の子ども数の減少をもたらす

以上、夫婦の子ども数の減少に関わると考えられる三つの要因について述べてきた。そして、いずれの要因にも、「若年夫の収入の不安定化」が関わっている。教育費が高止まりする中、夫の収入が不安定化すれば、子ども数を少なくする。正社員でリストラされたくないのでサービス残業などを行って家に帰る時間が遅くなり、セックスする余裕もなくなるのかもしれない（これはあくまで仮定にすぎないが）。そして、夫のリストラや収入低下によって離婚が増え、子どもが生まれるチャンスが少なくなる。

つまり、一九九〇年代後半のニューエコノミーの浸透による「男性収入の不安定化」こそが、未婚者の結婚意欲を削ぐのと同じような形で作用して、結婚した若者の出産意欲を削いでいるのだ。未婚者のように、親にパラサイトして「待つ」ことはできない。その代わり、子どもをもつことを延期するという対応、離婚して実家の親と再同居するという対応がとられるのだ。

これも、男女共同参画が進む前に、ニューエコノミーが進展したという日本における事情が影響していると考えられる。

第7章　恋愛結婚の消長

1　恋愛と結婚の根本的変化

恋愛経験は増えている

いままで、結婚に関して、経済的側面から論じてきた。なによりも、結婚は、二人で「生活」を始めることであり、子育てにはお金がかかる。経済的理由が、結婚や出産の「意志決定」に影響を与えていることは否めない。

しかし、結婚の前提として、「お互い結婚相手を選ぶ」というプロセスは欠かせない。そのプロセスもまた一九八〇年代以降、根本的に変化している。そして、この点は、一九五〇年以前に生まれた年長世代が感覚的に理解することが難しいと思われる。

よく、未婚化が進んでいる現状を見て、今の若い人は交際が下手になったとか、勇気がない男性が増えたとか、出会いがないといった解釈がなされるが、実情はそうではない。

表7-1をご覧いただきたい。これは、私が研究代表者となって、二〇〇四年に行った調査

表 7-1　今まで，「恋人として」交際した相手の数

		いない	1 人	2–3 人	4–5 人	6 人以上
50 代（1945–54 年生まれ）	既婚	27.1	18.9	39.6	11.4	2.9
	未婚	36.4	9.1	27.3	27.3	0
40 代（1955–64 年生まれ）	既婚	15.6	12.4	41.7	22.0	8.3
	未婚	20.7	3.4	44.8	24.1	6.9
30 代（1965–74 年生まれ）	既婚	2.4	11.6	40.4	28.8	16.8
	未婚	26.3	11.3	36.3	15.0	11.3

出典：『離婚急増社会における夫婦の愛情関係の実証研究』2006 年，研究代表者・山田昌弘

のデータである（東京区部と大阪でサンプリングし、一〇四一ケースの有効回答を得た。東京と大阪のサンプルで有意な差がないのでデータを合算してある）。

これは、今まで恋人として交際した相手の数を調査した結果である（結婚後の交際相手も数に入っているが、相対的に少数であるという前提で話を進める）。

二〇〇四年の五〇代は、団塊の世代を含み、一九七〇年代に結婚した層が中心である。恋人として交際した経験がない人が、既婚者でさえ二七％に達している。つまり、物心ついてから異性と交際することなく、見合いでそのまま結婚し、結婚後も配偶者以外の人と交際した経験がない人が、四分の一以上いるということだ。

一方、三〇代は、一九九〇年代に結婚した人が多い層である。未婚者も多い。既婚者では、さすがに交際人数ゼロという人はごくわずかである。そして、一人だけという人も一一・六％と少ない。この世代だと、結婚前に複数の人

と恋人として、つき合った経験があって当然という状況になっている。そして、未婚者をとっても、恋愛経験がない人は、二六・三％と四人に一人位、二人以上つき合った経験がある人も、六割を超す。このデータを見て、今の若者は男女交際が下手とか、出会いがないとかいえるだろうか。

つまり、一九七〇年代までは「恋愛しなくても結婚できた」のに、一九九〇年代以降は、「恋人がいても結婚できるわけではない」という変化が起きたのである。

恋愛と結婚の分離

それは、「見合い」や「職場結婚」が減ったとか、結婚のきっかけ要因の変化によって生じたのではない。恋愛と結婚の関係に関して、質的に根本的な変化が生じたからである。

それは、恋愛と結婚の結びつきが弱まり、「恋愛が結婚から分離した」という事実である。具体的には、「恋愛しても結婚する必要はなくなった」「恋愛は、恋愛として楽しめる」という意識の浸透である。

これは、一九五〇年代生まれ（現在四五〜五五歳くらい）を境にして、大きく意識が異なる点である。一九五〇年生まれ以前の人、一九七〇年以前に青春時代を送った人は、恋愛にあこがれ、かつ、恋愛したら結婚するのが当然という時代に育った。それに対して、一九六〇年生まれ以降、一九八〇年代以降に青春時代を送った人になると、恋愛はありふれたものとなり、かつ、恋愛したら結婚しなければならないなどと言ったら笑われる時代に育っている。この感覚の差は決定的である(一九五〇年代生まれが移行期に当たる)。

これは、恋愛結婚がなくなったということではない。一九六〇年生まれ以降でも、結婚は恋愛相手としたいと思っている。しかし、恋人になったからといって、結婚しなければならないとは思わない。恋愛は恋愛として楽しんでもかまわない(楽しみの中にはセックスも含まれる)と思っている。

男女交際活発化のパラドックス

結婚には、好きな人とコミュニケーションをするという要素と、共同生活をするという要素が含まれている。そして、一緒に生活するには、お金がかかる。つまり、結婚とは、好きな人とコミュニケーションを深めるということでもあるし、お金を稼いで生活費に充て、家事分担を行うという経済問題が発生することでもある。

結婚「から」恋愛が分離するということは、好きな人とセックスを含むコミュニケーションが生活から分離するということである。つまり、恋人としてつき合うには、収入や家事分担のことを考える必要はないが、結婚となると「生活」を考慮せざるを得ない。このギャップが存在するから、5、6章で検討したように、経済的理由で結婚しない人が増えることとなる。それは、同時に、男女交際を経験する人が増えているのに、結婚が少なくなるという現象を説明するのである。

だから、男女交際が活発化すると、「経済的要因」が前面に出てくる。よく、私は、結婚に関して経済決定論者だと批判されることがある。何人もの年長の研究者から、「好きだったら貧乏になっても結婚するはずだろう」と言われたが、そうではない。恋愛に関する意識が変化して、「好きでも結婚する必要がない」状況が出現したのだ。好きでも結婚する必要がないので、「結果的に」、結婚は経済問題となる。

2　恋愛結婚の普及期――一九八〇年以前

近代的恋愛の普及

まず、一九八〇年以前の状況を見ていこう。

戦後から一九七〇年代までは、恋愛結婚の普及期ということができる。戦後には、ほとんどの人が見合いで結婚していたが、一九五五年頃から、恋愛結婚が増加し、一九八〇年頃には、恋愛結婚が九割を占めることになる(図7-1)。つまり、経済の高度成長期は、同時に恋愛結婚の成長期でもあったのだ。
「特定の異性を好きになる」のが恋愛感情の根本にある。問題は、好きな人と結婚できるかである。そして、この時期は、私の言う、いわゆる「近代的恋愛」が普及した時期であり、それが成就する確率を高めたと考えられるのだ。

近代的恋愛とは、「好きな人と結婚したくなる」「結婚したいと思わなければ、それは、本当の恋愛ではなく、単なる遊びである」という規範意識に基づく恋愛のあり方である。つまり、恋愛のゴールは結婚であるという考え方なのだ。何度もくり返すが、この考え方は、一九五〇年以前に生まれた人にとっては当たり前、一九六〇年以降に生まれた人にとってはよく分からない考え方であろう（例えば、吉田拓郎に『結婚しようよ』というそのものずばりのタイトルのヒット曲があるが、好きになったら結婚するのが当

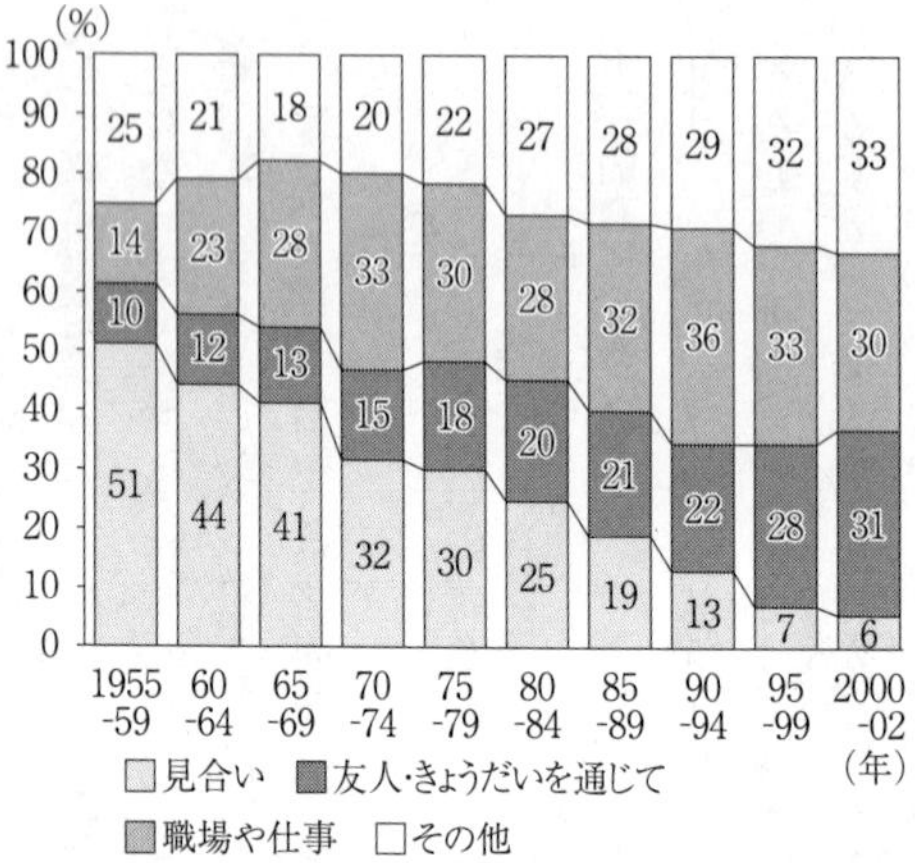

注：初婚夫婦のみ
出典：『出生動向基本調査』国立社会保障・人口問題研究所

図 7-1　結婚した男女の出会いのきっかけの変化

たり前という時代を感じさせる）。

好きになったのがきっかけで、男女交際に至る。最初は、一方が好きで交際が始まった場合でも、交際を深めるうちに、お互い好きになるかもしれない。そして、近代的恋愛では、好きになった人同士は、結婚というゴールに向かって進む。準備が整ったら結婚して、子どもが生まれ、めでたしめでたしで終わるのが、近代的恋愛の典型的物語である。

このシステムは、結婚を促進する。なぜなら、好きになったら「結婚」を意識せざるを得ないからだ。逆に、結婚できないと知っていて交際することは、「本当の恋愛」とみなされない。結婚を前提にしなければ交際はできない代わりに、交際にまでもちこめば、結婚しない理由はなくなる。

更に、好きな人と「セックス」をしたいという欲求は、特に、男性にとっては強いものがある。そして、結婚を前提としなければ、当然、セックスをすることは「よくない」こととされた。だから、セックスしたいと思えば、結婚を前提とした男女交際をしなければならなかったのだ（一九九五年頃、「婚前交渉」という言葉を使ったら、それどういう意味ですかという質問を学生から受けた。結婚前どころか、結婚を前提としなくてもセックスするのが当然という時代になったのだ。婚前交渉が是か非かという議論があったことすら知らない。もちろん、今の時代でも、結婚まではセックスはダメと信じる若者も存在するが、彼らは圧倒的に「少数派」

である)。

一九八〇年以前に、恋愛「結婚」が、多くの人にとって可能だった条件を考察していこう。それは、ひとえに、男女交際が貧弱だったことにあるのだ。

魅力の男女差

その前に、伏線として、近代社会における魅力の男女差について論じておこう。

恋人になるためには、男女が出会うだけでは不十分で、お互いが好きになる「魅力」の要素をもっていることが不可欠である。そして、個人によって異性のどこに魅力を感じるかは、多様である。しかし、マクロ的に見れば、魅力の要素の分布は「ランダム」ではない。どのような要素に魅力を感じるかは、幼い頃から社会的な影響を受けて刷り込まれていく。

そして、本書では詳しく論じないが、近代社会においては、男性の魅力は、統率力、仕事ができることなど「経済力」に関係し、女性の魅力は、容姿や性格などの要素が重要視される傾向が見られる。これは、性別役割分業と関係する(詳しくは、『ジェンダーの社会学』放送大学出版、江原由美子との共著、を参照されたい)。

単純に、男性の魅力が「(潜在的)経済力」、女性の魅力が「容姿」「性格」だと仮定しよう。男性の魅力たる「経済力」には、客観的な格差があり、経済力が高い男性を女性が好きになる傾向が強い。一方、容姿や性格に関しては、客観的な差はあいまいである。スリムな人に魅力を感じる男性もいれば、グラマーな女性を好きになる男性もいる。女性の場合は、魅力の格差がつきにくい構造となっている。

貧弱だった男女交際

一九五〇年代から一九七〇年代までは、日本で男女交際が極めて貧弱だった時代である。数年前のゼミ生が、一九六〇年代の中学生の男女交際に関する卒業論文を執筆した。彼女は、『中二時代』(旺文社)という当時、中学生の多くが読んだ雑誌の恋愛記事を分析したのだが、その「純粋さ」にびっくりしていた。まず、好きな人ができても、一対一のつき合いは避けるように書いてある。異性に興味をもったら何人かの友人と一緒に「グループ交際」をしなさい、今は、勉強に打ち込む時だから、スポーツなどで発散させなさいとアドバイスされている。高校でも、一対一の男女交際はあまりなされなかったと思われるが、当時のデータはない。

当時は、「性別」によって活動する場所が異なっていた。学校のクラスは一緒でも、遊ぶ場所は別だった。つまり、男女一緒に遊ぶためには、わざわざ「グループ交際」をしなければならなかったのだ。そして、地方では、生徒が男女二人で町中に一緒にいると不純異性交遊として補導の対象になった。

大学はほとんど男性の世界だった。女性の大学進学率は低く、多くは短大や女子大などに行った。そして、一九七〇年頃までは、恋愛よりも政治的活動を熱心に行う男子学生が多かった。

職場も今以上に、男女の分離が大きかった。高卒男性は工場や営業、そして、高卒女性は販売事務などの職についた。レジャーでも、男性と女性の活動の場は大きく異なっていた。男女交際のためには、職場のサークルなど、わざわざ、グループで出会う機会を提供しなくてはならなかったのだ。

とにかく、異性と出会う機会は、現在に比べて少なかったことは否定できない。

魅力格差の隠蔽

身近に接する異性が少ないという状況は、魅力格差を隠蔽する。

当時は、職場結婚が多かった。それも、身近に「観察可能な」独身の異性が少数で、職場にしかいなかったからだと考えられる。交際経験のない人が、身近に独身異性がいる環境におかれると、その異性を「好き」になりやすい。当時は、男性は経済的に安定し、将来収入が伸びる予定の人が大多数だった。つまり、女性にとっては、独身で「経済的に安定している」というだけで、魅力ある男性に見えただろう。女性は結婚退社が当然の時代だった。男性にとって、身近にいる女性は、若くて独身だというだけで、魅力的に見えただろう。そして、なんらかのきっかけで、男性がデートに誘って成功すれば、結婚を前提とした交際が始まる。つまり、魅力をめぐっての競争が少なかったのだ。

その頃多かった「見合い」にしても同様である。親しく異性と話したことのない男女が、強制的に「身近」に話す環境に晒される。そうすれば、経済力(男性)や性格、容姿(女性)に大きな問題がなければ、相手を好きになって結婚に至る確率が高かったろう。

魅力格差というものは、自由競争に晒されて初めて顕在化するものである。選択肢がたいへん少なかった時代、つまり、身近に親しい異性と接触する機会が極めて少ない時代には、むしろ、お互いが「好きになる」確率を高めるのである。

一九六五年頃のある団地の主婦調査によると、結婚したきっかけの約半数は見合い、二五％は職場、そして、約一割が「兄弟の友達」というものであった。当時、兄の友達くらいしか、異性と親しく口をきく機会がなかった女性がかなりいたのではないだろうか(南こうせつのヒット曲『妹よ』では、主人公の妹は友人と結婚している)。きょうだい四人が標準の世代であるから、女性にとって、兄がいる確率は高い。だから、「兄弟の友達」がかなりの割合で結婚相手となったのだと私は推察している。

そして、男女交際の機会が少ない時代には、見合いにしろ、職場にしろ、今の恋人を逃せば「次の機会はないかもしれない」という意識が、結婚を促進したのである。

好きな人と結婚しない理由はない

「好きになったら結婚をめざすべき」という規範のもとでは、お互いに好きになった二人が結婚しない理由はない。結婚しないことを前提につき合ったら「遊び人」として非難された時代である。そして、当時は、結婚前のセックスはためらわれた時代なので、深くつき合うためには、結婚生活を始めるしかなかった。

かつ、当時は好きな人と結婚しても経済的に大丈夫だった。5章で見たように、結婚前の生活水準は低く、男性の収入は安定して増大する見通しがたった。貧弱な男女交際の機会が、かえって、互いを好きになる確率を高め、経済的条件が、結婚を促進する方向に働いたのである。

3　恋愛と結婚の分離と魅力格差——一九八〇年以降

一九八〇年以降の変化

一九七〇年代を通して、二つのことが恋愛世界に生じた。それは、①結婚と恋愛の分離、つまり、結婚しなくても(セックスを含んだ)恋愛を楽しんでもかまわないという意識の高まりであり、更に、②男女の交際機会の拡大である。それは、魅力格差の存在を顕在化させる。

そして、一九九〇年代後半から、恋愛行動は活発化する反面、魅力格差はますます拡大し、恋愛とは無縁になる若者がむしろ増大するのだ。

そして、この時代区分は、私が少子化の経済的要因として挙げたものと相似形となっている。一九七五年頃、経済の高度成長期が終わるとともに、恋愛の自由化が起こり、一九九〇年代後半のニューエコノミーの浸透によって、若者の経済格差の拡大とともに、若者の恋愛格差も拡大する。経済構造の変化と恋愛状況の変化は、ともに、「自由」の進展による近代社会の構造転換という基底的な変化に伴って生じたものだと私は解釈している。

恋愛と結婚の分離

恋愛が結婚から分離する傾向は、一九七〇年代から始まったと考えられる。一九八七年から、学生を対象に「つき合っている人と結婚したいか」というアンケート調査をしているが、回答は「ぜひしたい」「どちらかというとしたい」「わからない」にほぼ三分される。もちろん、結婚は好きになった相手としたいと思っているが、今、つき合っている相手と結婚するかどうかは「別問題」となったのだ。

たとえ、恋人の一方が結婚を望んでも、もう一方が望まなければ、結婚は成立しない。一つだけ例を挙げておこう。一九九〇年頃、二〇歳代後半の私の知り合いの女性が彼氏と別れた。

二人は大学以来、一〇年近くつき合っており、彼女も周りの人もいずれ結婚するものだと思っていた。しかし、彼に、何となく「おまえとは結婚できない」と言われたそうである。彼が別の女性とつき合いだしたわけではなく、嫌いになったわけでもなく、ただ、結婚できないと言われたという。これが、一九六〇年代なら、彼は周りからひどいやつだと非難されたろう。つき合いが長かろうと、いくらお互いが好きであっても、恋人でいるだけでは、結婚の「保証」にはならない時代が来たのだ(ちなみに、彼女は一〇年つき合った彼と別れた後、すぐ、別の彼ができ、結婚してもいいという言質を取った翌日に、結婚式場の予約をして、既成事実をつきつけ、一年後に結婚した)。

結婚する理由を作らなければならない時代に

一九八〇年代を過ぎれば、結婚せずとも、カップルが「愛情を確認」しながらコミュニケーションをするのに、障害はなくなる。二人で食事をするのはもちろん、遊びに行く、セックスをする、旅行に行くなど、従来は結婚を前提としなければできなかった二人の楽しみが、結婚を前提としなくてもできるようになった。

セックスの経験率が低年齢化するのもこの頃からである。結婚を前提としなければセックスできないとなると、セックスに慎重になるだろう。しかし、セックスした相手と結婚しなくてもかまわないとなると、お互いの欲求を止める手段はない。

表7-2は、(財)日本性教育協会が行っている生徒、学生のセックス経験率のデータである。大学生は一九八〇年代、高校生は一九九〇年代に、セックス経験率が上昇していることが分かる(中退者や社会人は含まれないのが残念な点であるが、一九七四年から信頼できるサンプリングをしたデータをとっているので貴重なデータである)。

表7-2　性行動経験率(%)の推移

	1974	1981	1987	1993	1999	2005
大学男子	23.1	32.6	46.5	57.3	62.5	63.0
大学女子	11.0	18.5	26.1	43.4	50.5	62.3
高校男子	10.2	7.9	11.5	14.4	26.5	26.6
高校女子	5.5	8.8	8.7	15.7	23.7	30.0
中学男子	—	—	2.2	1.9	3.9	3.6
中学女子	—	—	1.8	3.0	3.0	4.2

出典：(財)日本性教育協会「第6回青少年の性行動調査」『現代性教育研究月報』2006年10月号

また、国立社会保障・人口問題研究所の独身者調査を見ても、男性は、一九八七年時点で、すでにセックス体験率は「高止まり」で、二〇歳を過ぎれば過半数の独身者がセックス経験をもっている(図7-2)。女性は、一九九〇年代の伸びが著しく、一九九七年には、二〇歳以上の過半数の独身者は、セックス経験をもっている。二〇〇五年では、むしろ、二五歳以上の世代で、セックス経験率が「減少」に転じている。後に述べるが、魅力に関する二極化現象が進行しているからだと考えられる(男女交際経験がある人は結婚しやすく、男女交際経験がない人が結婚せずに残る傾向がある。なお、未婚者のセックス経験率では、この調

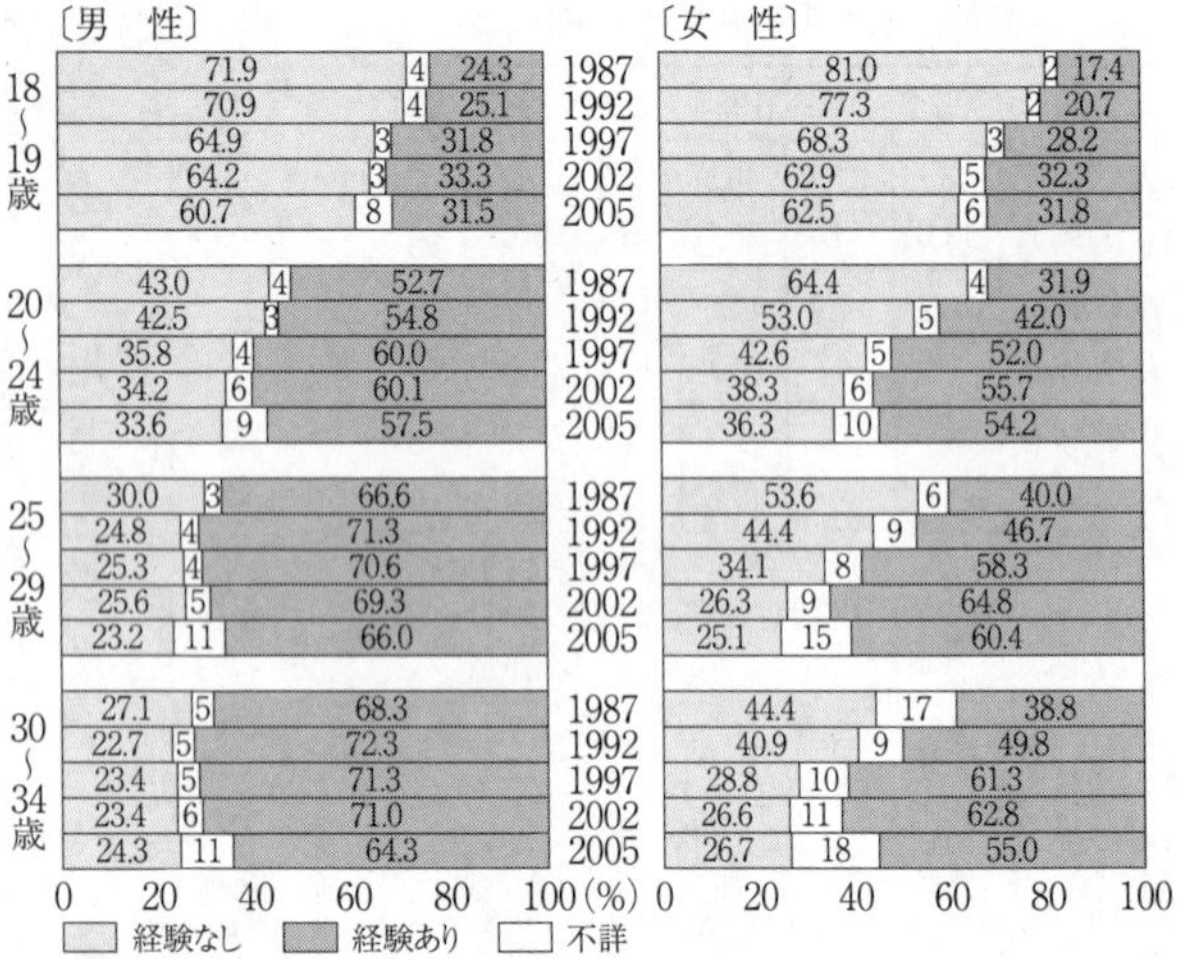

設問　「あなたはこれまでに異性と性交渉をもったことがありますか」 1. ある, 2. ない
第13回調査の設問は, 1. 過去1年以内にある, 2. 過去1年以内にはないが, 以前にはある, 3. ない

出典：『結婚と出産に関する全国調査(独身者調査)』国立社会保障・人口問題研究所

図7-2　未婚者の性経験

査の数字が最も信頼がおける。ただ、一八歳以上であることと、一九八七年以降のデータしかないことが残念な点である。つまり、結婚前のセックスはよくないとされた時代のデータがない。逆に、結婚前はセックスをしないのが当然とみなされていたから、質問項目がなかったとも言える)。

この頃から、晩婚化が話題に上り、「結婚のメリット、デメリット」といった議論が盛んになる。つまり、男女がつき合ったからといって結婚しなくてもよくなったため、結婚のメリット、デメリットを考慮しなければならなくなったのだ。

つまり、結婚するのに「理由」がいる時代になったのである。

そして、パラサイト・シングルである限り、結婚する経済的メリットはますます薄れる。

二〇〇五年にフランスから来日した経営大学院日本視察団の人に、日本の若者状況について、インタビューされたことがある。日本では、晩婚化が進み、親同居未婚者が増えているという話をしたら、フランス人に「日本の若者は性欲がないのか」と言われた。成人しても、結婚もしなければ、同棲もしない。一人暮らしでアパートを借りて住んでいるわけでもない。自宅には、親がいる。これでは、セックスできないではないかと聞いてくるのだ。そこで、私は、あなたの国にはないけど日本には、いわゆる「ラブホテル」というものがあって、セックスするためだけに休憩できる施設があるのだという話をすると、「成田からのバスの中からやたらホテルという看板が見えて、ガイドの人に質問したら、言葉を濁していたがそれか」と聞かれてそうだと答えたら納得していた（通訳の人がこのやりとりを訳すのは大変だったろう）。

男女交際機会の増大と魅力格差の顕在化

男女の交際機会は、明らかに増大した。一九八〇年代から、女性の時代と言われるようになり、様々な分野に女性が進出してくる。男性のみ入学可の大学はなくなり、様々な学部に女子が入学してくるようになった。更に、合コンやサークル活動などで、日常的に男女が一緒に遊んだり、行事を行う機会が増えてくる。

職場でも、総合職女性が増え、男女一緒に仕事をする状況が生まれる。また、レジャーの分野でも、男女が一緒になって遊ぶ機会が増えた。トレンディ・ドラマでは、おしゃれなカップル関係が描かれた。

日常的に接触する機会が増えれば、恋人もできやすくなると思いがちだが、実際はそうではない。当時のテレビドラマの代表として、「ふぞろいの林檎たち」(一九八三年)、「男女七人夏物語」(一九八七年。いずれもTBS)があるが、その中で描かれるのは、グループの中での「魅力格差」の存在なのである。男女のグループの中で、魅力が高い男性、女性をめぐっての駆け引きが行われるのが、この時代のドラマの特徴である。魅力ある人は、男性でも女性でもすぐ誘われてカップルが誕生する。事情があって別れると、また、次の人とつき合い出す。多数の異性を前にすれば、その中で、好きな人とそうでない人がでてくる。そして、「好きになる基準」が社会の影響を受けて形成される以上、どうしても、「魅力」がある人に人気が集中してしまうのだ。それゆえ、魅力があるとみなされた人以外は、「自分が好きになっても、相手が好きになってくれない」という悩みが出現する。

「できない」男性に過酷な恋愛状況の出現

そして、この魅力格差は、男性により過酷に働く。男性の魅力は、経済力に関係した要素によって一元化される傾向がある。スポーツができたり、リーダーシップがあったり、能力に秀でたりするものが、女性に対する魅力となる。逆に、このような要素をもたないものは、女性から好かれる確率が低くなる。そして、優れた要素をもたないものは、結果的に「低収入の男性」に多くなる。恋愛が結婚から分離したから、純粋に趣味や価値観の一致、不一致で相手に魅力を感じるようになるという意見もある。しかし、文化的に刷り込まれた「魅力」の要素はなかなか変化しないのだ。

一九七〇年頃まで、多くの男性が女性から「好かれる機会」をもち、結婚できていたのは、交際範囲が狭かったことと、若年男性間での経済力の格差が小さかったからである。

しかし、一九七〇年代から、交際機会が拡大し、収入格差が拡がる。一九九〇年代後半に入ると、ニューエコノミーが浸透した結果、フリーターと高収入が期待できる若年者の間に収入差だけでなく、将来期待できる収入の安定度にも格段の差が出てくる。

そこで、低収入男性は、二重のハンデを背負うことになる。

そもそも、恋愛相手に恵まれない。女性は、経済力が高い男性を「好きになってしまう」傾向が強い。決して損得勘定で選んでいるのではない。スポーツならエース、集団があればそのリーダーを「好き」になるように社会化されていく。

たとえ、恋人になったとしても、結婚に至るかどうかは、別問題である。結婚にはお金がかかる(6章で触れたように、フリーター男性も昔は恋人がいたと回答するものが多かった)。何らかの魅力を感じて恋人としてのつき合いが始まったとしても、結婚して生活するとなると、話は別なのである。

運頼みになる女性

女性は、自分が好きで、かつ、結婚相手としてふさわしい相手に出会って、「好かれる」かどうかが、恋愛、そして、結婚にこぎ着ける要因となる。女性の魅力は、男性ほど一元化されていない。学歴にしろ、年収にしろ、「属性」は説明要因にはならない。

それゆえ、男性、それも、自分が魅力を感じるほどの男性に好かれるかどうかは、偶然の要素がからんでくる。そして、未婚の男性で女性から見て好きになるほどの「経済力があり性格もよい男」の数は、ますます減っている。少数になった男性に出会い、好かれるために、「運」に頼ろうとする女性がますます増えるのだ。運良く出会え、運良く好かれた女性は、交際、結婚に至るものも多くなるのだ。

男女交際の拡大と更なる魅力格差の進行

更に、一九九〇年代後半から、ＩＴが普及し、出会い系サイトも現れ、ケータイ電話をもつことが一般的になった。友人の友人などと出会って連絡を取り合うのは簡単になる。更に、出会い系とはいかなくても、ネットなどを利用して、恋人を広い範囲から選択できるようになる。つまり、恋愛の市場が拡大し、多くの相手から恋人を選べるようになる。

その結果、生じたのは、男性の魅力格差の更なる拡大である。日本性教育協会の調査結果を見ていただきたい（図7-3）。

これは、男性の性体験率を学年別に、一九九九年と二〇〇五年の変化をグラフにしたものである（高橋征仁・山口大学助教授作成）。上は、性体験率、下は、三人以上の女性と性体験をもった割合である。学年が進行するにつれ、性体験率が上昇する。二〇〇五年のデータでは、男性の性体験率の学年進行による上昇は頭打ちで、六年前に比べ、大学三、四年生では低下している。一方、三人以上の女性と性体験をもつものは、この六年間で急上昇している。大学四年男性で比較すると、一九九九年には、未体験二割、一人か二人六割、三人以上二割だったのが、二〇〇五年には、未体験三割、一人か二人三割、三人以上四割となる。つまり、男子大学生間で格差拡大が起き、もてない人はますますもてず、もてる人はますますもてて何人もの女性とつき合うという二極化が起きている。

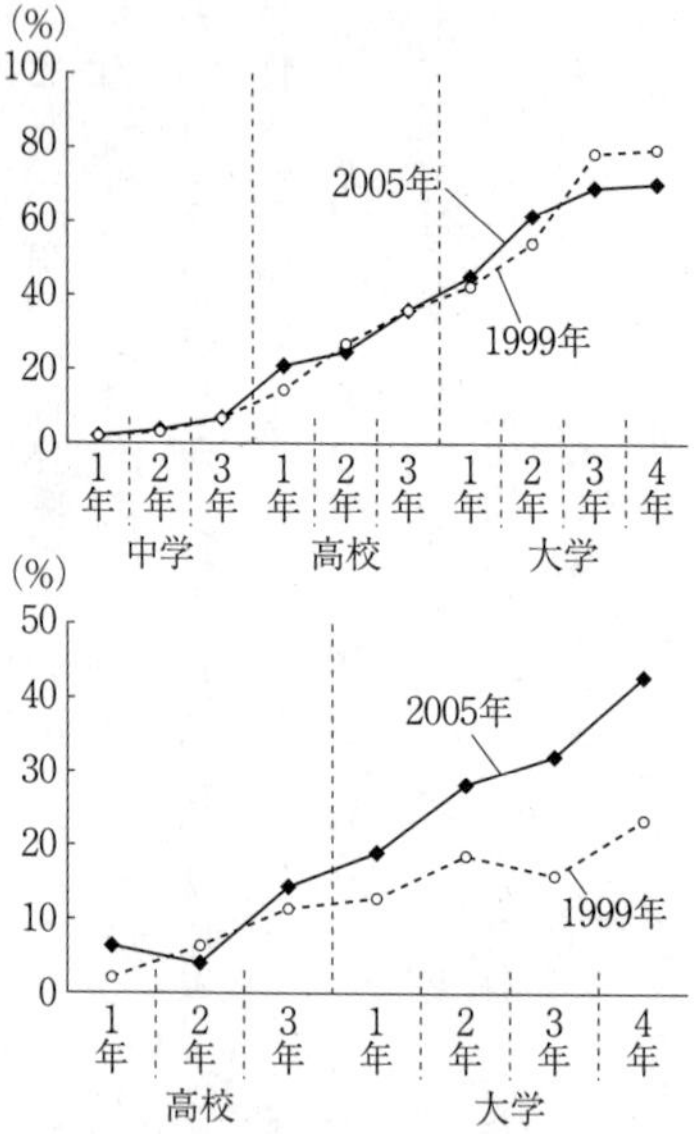

出典：高橋征仁「青少年のメディア接触と性行動」第50回日本＝性研究会議配布資料より

図 7-3　性体験率と複数化

魅力ある人は、より魅力ある相手を広い範囲からみつけ、イヤになっても次の相手がみつかる可能性が高い。しかし、魅力のないものは、その陰に隠れて、なかなか相手がみつからない。選ぶどころか、選んでもOKをもらえないのだ。まだ、男性の方が積極的に告白すべきという意識が高いので、市場化の影響は男性により過酷となる。そのうちに、男女交際自体を諦めるものが増える。その結果、「男女交際に関心がない」男子生徒、学生が、ここ六年の間に増えていることも、報告書の中で述べられている。

4 「できちゃった婚」の増大

妊娠先行型結婚の増大

日本で、少子化に反する唯一の指標が「妊娠先行型結婚」、いわゆる「できちゃった婚」の増大である。

「できちゃった婚」の意味するところを正確に定義すれば、「当面結婚するつもりはなかったのに」妊娠したため、子どもを非嫡出子にしないために、結婚届を出す男女ということになろうか。

統計上は、結婚後一〇カ月未満で生まれた子ども数、つまり、「結婚期間が妊娠期間より短い出生（つまり、結婚した時点で妊娠していたケース）」が集計できる。これは、妊娠に気づかず結婚して子どもが生まれたというケースが含まれるので、本来の意味の「できちゃった婚」だけに限られないが、一応、これも含めて「できちゃった婚」と呼んでおく。

日本では、「できちゃった婚」は、二〇〇四年の時点で、約一四万組を数えている。これは、結婚数の約五分の一、嫡出第一子（結婚した夫婦から生まれた第一子数）の四分の一の規模に達している。そして、合計特殊出生率を約〇・一押し上げている。もし、「できちゃった婚」がないとすると、日本の合計特殊出生率は、一・一台に低下し、韓国と同水準となる。これには、意味があって、韓国では、統計上「できちゃった婚」がほとんどない。日本は、「できちゃった婚」があるおかげで、世界最低の出生率が回避されているとも言える。

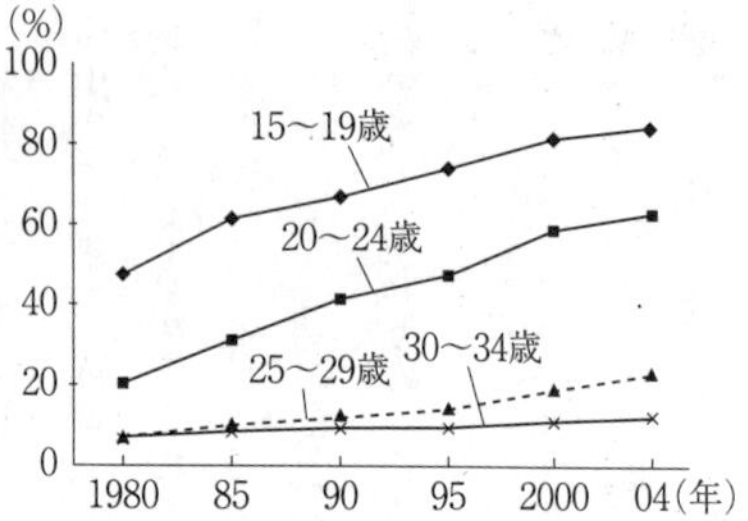

出典：『人口動態統計』厚生労働省

図7-4　「できちゃった婚」による出産の年齢別構成

「できちゃった婚」には、多様なタイプがあり、長年つき合っていたカップルが、「子どもができたら結婚する」つもりで、避妊せずセックスをし始めて、無事、妊娠したので、それをきっかけに結婚するというものもある。

「できちゃった婚」の年齢、県別構成

しかし、「できちゃった婚」の年齢構成、地域構成を見ると、そのようなケースはむしろ例外である。年齢的には、女性が二五歳未満の層で多い。二〇〇四年のデータで見ると、二〇歳未満の結婚後出産のほとんど、そして、二〇〜二四歳の女性の出産の三分の二近くが「できちゃった婚」によるものである(図7-4)。つまり、二五歳未満女性で、「結婚後妊娠して、子どもを産む」というパターンは、少数派に転落している。

地域的に見てみると、沖縄・九州、および、東北各県で多い。沖縄では、嫡出第一子の半数近くに達している(表7-3)。そして、「できちゃった婚」と若年失業率は相関する。経済状況が比較的好調な神奈川、東京など首都圏、中京、関西圏での「できちゃった婚」の割合は低い。

このデータと、二六ページの出生数の減少の県別データ(表1-4)を見ていただきたい。「沖

縄」を例外として、一九九五年に比べ二〇〇五年の出生数が減少している県ほど、「できちゃった婚」が多いのだ。最も出生数の減少率が高かった青森県が六位に入っている。

若者の経済力が低く、結婚生活を始められる経済的余裕がない。だから、出産数が減少する。それでも、男女交際は活発化している。その結果、子どもができる。学歴が低い若者ほど避妊を実行していないことが、国立社会保障・人口問題研究所の調査から分かっている。だからこそ、経済的に不安定な層に「できちゃった婚」が増えるという状況なのだ。

表7-3　「できちゃった婚」による出生の嫡出第1子出生に占める割合の都道府県別順位

〔上位10件〕　〔下位10件〕

都道府県	割合（%）	都道府県	割合（%）
沖縄	46.8	神奈川	20.3
佐賀	40.8	東京	21.0
岩手	38.5	京都	22.4
福島	37.4	兵庫	22.6
熊本	37.1	滋賀	22.9
青森	37.1	愛知	23.0
宮崎	37.0	奈良	23.8
山形	35.0	大阪	24.1
長崎	35.5	千葉	24.3
秋田	33.5	富山	24.4

出典：厚生労働省『平成17年度・出生に関する統計の概況』より作成

そのために、若者の経済力が疲弊している地域は、ただでさえ少なくなっている子どものかなりの割合が「できちゃった婚」での出生という状況になっている。

その結果、経済的に安定しないまま結婚生活を始めるパターンが多くなっている。経済的に不安定で、年齢的に未熟な親の元は、児童虐待の温床になりかねない。そうでなくても、将来に希望がない親に育てられる子どもは、やはり、希望がもちにくくなるのではないかと思われる。

このような形で、出生が増えても、それが望ましい姿とはいえないだろう。

第8章　少子化対策は可能か

1　少子化対策の課題は何か

二つの少子化対策

最後に、「少子化対策」について述べておかなくてはならない。少子化が、日本社会に対して、様々なデメリットをもたらすことは、1章で述べた。少子化が進行している以上、少子化に対し何らかの政策的対応が必要であることは、否定できない。

1章にも述べたが、少子化対策という場合、二種類のものがある（表8−1）。一つは、少子化を防ぎ、緩和する対策である。少子化が、社会に対してデメリットを生じさせるのなら、その原因である少子化自体を反転させることが一つの対策となる。もう一つは、少子化によって生じる社会的デメリット自体を緩和する対策である。

政策の正当性をどう調達し、政策の目標をどこにおくかということが議論になっている。第二の対策の必要性に関しては、議論の余地はない。現実に少子化、そして、人口減少社会が始

表8-1　2つの少子化対策

1　少子化を防ぎ，緩和する対策	
2　少子化によって生じるデメリットを緩和する対策	
マクロ対策	①労働力，②社会保障，③経済成長
ミクロ対策	①地域格差（特に，人口減少地域の維持）
	②家族格差（孤立する人々の「経済生活」や「アイデンティティ」の維持）

まっている。少子化に歯止めがかかったとしても、効果が出るのは一〇年、二〇年先の話である。人口減少社会に対応した諸施策や社会制度の組み替えが必要となることは言うまでもない。

しかし、第一の、少子化自体を緩和する対策を行うべきかどうかに関しては、様々な立場がある。特に、戦前、兵士を大量に供給するという目的でなされた「産めよ殖やせよ」政策を思い起こす。国家が結婚、出産といったプライベートな領域に介入すべきでないという意見も根強い。また、社会全体のデメリットを緩和するためといっても、個々人の意志に反してまで出産を奨励することは、行き過ぎである。産めない人、産みたくない人に対する圧力となり、生き難いと感じる社会になっても問題であろう。

近年、よく持ち出されるのは、「結婚し、子どもをもちたいのだけれどもてない人に対して、公的支援をするべきである」というロジックである。ただ、このロジックだけでは、正当性は調達できないのではないか。「国民が欲求をもっていてそれを実現できないのなら、それを支援すべきである」ことを一般化すれば、これは、正当性がなくなる。

だろう。

「自家用車をもちたいけれどももてないから、公的に支援しろ」と言っても、一笑に付される

　このロジックを成り立たせるには、結婚し、子どもをもつことは、もしそれを人が望むなら

ば、優先的に叶えなければならない、いわば基本的人権に近いものであるという合意が必要な

のではないか。私の立場はここにある。

　精神分析学の祖フロイトは、人間にとって重要なことは、仕事することと愛することだけだ

と述べている。これは、仕事をしたり、愛するのは、単に、自分の生存を図ったり、身体的欲

求を満たす手段という意味ではない。イエス＝キリストが言ったように、人間はパンのみによ

って生きているのではない。フロイトの性欲説は誤解されがちだが、フロイトにとっての性欲

とは、他者との社会的なつながりをもちたいという欲求のことであると私は解釈している。

　宗教やコミュニティを失った近代人にとっては、仕事と愛情ある関係が「社会とつながりを

もつ」接点となる。愛情ある関係は、血縁や法律で結びついた家族とは限らないが、近代社会

では、「家族的関係」の中で実現されやすい（社会的つながりを作るという意味での仕事は、広

い意味で、家事・育児やボランティア活動など、社会的に有用な活動を含む）。とすると、仕

事と家族を通じて、近代人は「社会的存在」となることができると言い換えられるだろう。私

は、社会的存在が人間の本質的あり方だと考えている（もちろん、広い意味での家族と仕事以

外に社会的つながりを作る方法がある可能性については留保しておく）。

「個人化」と家族形成支援の必要性

近代社会の最大の問題点は、人間が社会的存在となるためには、仕事を「自分で」みつけ、愛情ある関係を「自分の力で」つくらなくてはいけない点である。これが、個人化した近代社会の本質なのである。

仕事能力をつけるために学校教育を行ったり、就労支援や失業対策をすることが、公の役割であることには誰も異論をはさまない。就職とは、「私的なこと」であるのに、それに対して国などが支援をするのは、人は、仕事によって社会に統合され、社会におけるアイデンティティを得るということが社会的にも必要だと判断されているからである。

それと同じロジックで、結婚や子どもを産み育てることによって、人々が社会的存在となることを支援することは、社会的にも「するべきことだ」と私は思っている。もちろん、愛情ある関係は、制度的な家族によってのみ達成されるわけではないし、制度的な家族が、必ずしも愛情ある関係を保証するわけではない。だが、配偶者をもち、子どもを産み育てることが、それに近づく方法であると考えるからである。

更に、5〜7章で考察したように、現代の若者が結婚しにくくなったり、子どもをもちにくくなったのは、本人の責任というよりも、社会的状況の変化によって、もたらされたものである。その変化のせいで、希望が叶えられなくなっている人々に対して、変化に対応できる力をつけさせる方向の支援を行うことは、社会的正当性があると判断している。

人口急減地域の対策

まず、少子化によって生じるデメリットを緩和する対策を整理しておこう。

年齢構成の変化を伴った人口減少局面では、１章で述べたように、マクロ的に見て労働力、社会保障、経済成長にデメリットが生じる。ただ、この点に関しては、経済学、政策学などで、すでに多くの議論がなされている。

しかし、日本社会という単位で見た場合の経済成長や、社会保障制度の持続が可能だったとしても、地域格差と家族格差の問題は残る。

地域格差の点では、「人口急減地域の効率的な維持」が緊急の課題となる。県別のデータで見たように、合計特殊出生率が維持されても、母数となる若者が流出し、子ども数が急減している地域が広がっている。子ども数が少なくなっている県では、同時に、「できちゃった婚」が多いことを忘れてはならない。経済的に安定しないまま、子どもを産み育てる若者が多ければ、彼らに対する支援も必要となるのである。更に、高齢化も格差を伴って進行する。資産があったり高額の厚生年金をもらっている高齢者が多い地区(都市部)には、彼らの消費を当てこんでサービス業も増える。一方、資産や年金額が少ない高齢者が多く住む地区では、日常的に必要なサービスは民間では供給されないので、格差は拡大するだろう。

つまり、若者の人口が減り、残った若者も経済力がなく、また、消費が期待できない高齢者が多数となる地域が出現する。このような地区を活性化させたり、それが無理なら、効率的に維持するための対策を行う必要がある。このような地区では、自立的な活性化を求めるのは無理であろう。「移動の自由」がある限り、そのような地域で生まれ活力がある若者は、活力のある地域に行って自分の能力を使うことを選択するだろう。お金がある高齢者は、サービスが充実している地区に移住するだろう。少なくとも、これらの行動を止めることはできない。

日本全体で、人口急減地域の対策を支援しなくてはならない。

孤立するパラサイト・シングルへの対策

続いて、家族格差の問題に移ろう。

6章で、パラサイト・シングルの高齢化について言及した。現在、未婚率の高まりとともに、親と同居する壮年の未婚の息子や娘が増え、不安定雇用者の割合が徐々に増えている事実を示した。とりあえず、親が生存しているうちは、親が退職していたとしても親の年金にパラサイトできる。たとえ、本人が低収入、無収入であっても、親が介護状態になっても、経済的には、生活の維持が可能だろう。

しかし、親が亡くなると、年金にパラサイトできなくなるし、生活手段がなくなる。最近、一月に一回位の割合で、「中年無職男性が死体遺棄で逮捕された」というニュースが、新聞の社会面に小さく載るようになった。私が気づいたのは、二〇〇四年頃だが、それ以前から存在していたに違いない。つまり、親の年金で生活していた無職男性が、親が亡くなると生活できないので、自宅で亡くなった親を生きていることにして年金をもらい続けていたという事件なのではないかと思っている。今後、といっても、一〇年、二〇年後ではあるが、このようなケースが無視できないほど増えていくに違いない。

経済問題だけではない。「自分を心配してくれる人」「自分を必要としてくれる人」が存在するから、人は生き生きと生きられるのだろう。親が存命中は、自分を心配してくれる人はいるし、親が介護状態になればかえって自分の必要性を実感できる。まったく身寄りがなくなれば、自分を心配してくれる人や自分を必要としてくれる人がいなくなるという状態に置かれる。

また、雇用がしっかりしていたり、事業がうまくいっていれば、仕事で自分の必要性を感じることができるかもしれないが、雇用が不安定だったり、自営業がうまくいかなかったりすれば、「アイデンティティ」の確認もうまくいかなくなる。たとえ、現役時代に経済的に生活できても、自分を心配してくれる人がいないまま高齢を迎えれば、絶望を感じる高齢者も増えていく可能性がある。

将来、孤立する可能性がある人々に対して、「経済的安定」と「アイデンティティの確保」を社会的に支援する必要が大きくなってくるだろう。

2　少子化を反転させることは可能か

未婚化・少子化の要因のまとめ

もう一度、日本で少子化が進んだ要因を復習しておこう。

一つは、経済的要因であり、①結婚や子育てに期待する生活水準が上昇して高止まりしていること、その反面で、②若者が稼ぎ出せると予想する収入水準が低下していることである。もう一つは、男女交際に関する社会的要因であり、③結婚しなくても男女交際を深めることが可能になったという意識変化、および、④魅力の格差が拡大していることである。

それを反転させるためには、相当の困難が横たわっている。それは、日本の少子化は、①経済・社会、そして男女交際パターンのグローバルな構造変化の中で、②日本固有の文化的要因（パラサイト・シングル現象）が重なって生じたものだからである。グローバルな構造的変化を止めることは不可能に近いし、日本固有の文化的要因を変化させることも難しい。

確かに、結婚したい、子どももちたいという若年者が圧倒的多数を占めているという事実は、希望がもてる。しかし、日本の少子化の根本要因を考えた場合、彼らの希望を実現できる環境を整えるのは、容易ではない。

若者が稼ぎ出せる収入水準が低下するのは、低成長化、そして、ニューエコノミーの浸透によるもので、男女交際が自由化されるという傾向は、魅力の格差拡大を顕在化させる。そして、日本のパラサイト・シングルという条件、つまり、未婚者は親と同居して結婚を先延ばしにできるという条件は、結婚生活、子育てへの期待水準を高めるし、親と同居しながら恋人としてつき合えるので、恋人ができても、あえて、結婚(同棲)する必要がない。そして、結婚後も、子育てに高い水準を求める傾向が続く一方、ニューエコノミーの影響で収入増加の期待が低下するので、既婚者の出生率も低下する。

そして、この状況下では、男女にミスマッチが生じる。それは、性別役割分業意識が維持されていることによってもたらされる。性別役割分業意識には二つの側面があり、一つは、男性が結婚後の生活を支えるのが当然という経済的役割分業意識、もう一つは、収入の高い男性が女性から「魅力がある」とみなされ、好かれるという「魅力の性差」意識があり、そのため結婚したくてもできない男女間に大きな相違点を生じさせる。将来稼ぎ出す収入が少ないとみなされた男性、および、結婚生活や子育てへの期待水準が高い女性の中で未婚者が増える。

期待水準の大幅低下も収入の大幅増加も無理

結婚生活、子育てに期待する水準が高いのが問題であるならば、それを低くすることができれば結婚が促進され、既婚者も子どもをもちやすくなるだろう。特に、未婚女性の場合は、「期待水準が高い」ために結婚相手がいないという状況なのだから、期待水準を引き下げろというのも一つの意見ではある。

しかし、パラサイト文化の下では、それは不可能に近い。親同居者にとっては、独身時代の生活水準を大幅に低下させる必要があるし、たとえ、自分はよくても、子どもにだけは、せめて自分がかけられた以上のお金をかけたいと思う。アメリカや北西ヨーロッパのように「親が成人した息子や娘を追い出せばよい」という意見をよく聞くが、低収入の息子や娘を追い出せば、日本社会では、それこそ最低生活に陥ってしまう。日本は、家賃を含め基本的生活費が高く、かつ、若者に対する社会保障がほとんどない社会である。年収一五〇万円程度で自立して暮らすのは無理だから、早く結婚して一緒に住む人をみつけなければ、となるかもしれないが、それはそれで、低収入の夫婦を生み出してしまう。

経済評論家の森永卓郎氏がいうように、年収三〇〇万円で充実した暮らしをめざさなければならないというのは計算上正しいが、自分の収入は低くても豊かに暮らしていた若者が、そこまでして自立したいと考えるかは疑問である。パラサイトされている親も、自分の息子や娘が人並みの生活ができなくなってまで結婚してもらいたいとは思わない。結婚後の子ども夫婦の生活を親が援助するという手段もあるが、それも、親の富裕度によって「格差」が出現するし、そこまで余裕のある親の数も今後減少していくだろう。

ただ、この点に関しては、今後は、パラサイトできなくなるから、解決するという見通しもある。現在、子育て中の親の生活水準の格差拡大が始まっている。貧しい親の元で育った子どもが成人してくるから、「結婚生活に期待する生活水準」が低くなる若者も増えるという予測である。しかし、高度成長期のように、ほとんどの親が貧しいわけではなく、親の間でも格差ができるという状況である。豊かな親の元に暮らしている未婚女性にとっては、夫に生活を頼るということを前提とする限り、現在以上の豊かさを保障する結婚相手がみつかる確率は小さくなるのだ。

つまり、一度上昇してしまった「生活に対する期待水準」を大きく引き下げるという施策をとることは難しいのだ。

「結婚生活や子育てに対する期待水準」を下げるのが難しいなら、カップルが将来稼ぐ収入の見通しをたてる方策を考えなくてはならない。

この点に関しても、昔に戻ることは無理である。それは、「男性＝仕事、女性＝家事で豊かな生活をめざす」「夫婦が自営で働き、より豊かな生活をめざす」という高度成長期の家族モデルを全ての若者に保証することは、現実に不可能である。

ニューエコノミーという経済では、全ての男性に年功序列賃金、終身雇用の復活を図るのは無理だし、多くの自営業を、経済的に収入が増加するように保護することは、いくら景気が多少よくなっても、経済的に不可能である。

一人の収入で、今以上の豊かな生活を築くという見通しを若年男性の半分に保証することさえ難しいだろう。

男女共同参画だけでは不十分

そこで、考えられるのは、夫婦二人で共働きをして、将来の生活見通しをたてるという方策である。そのためには、男女共同参画を推進して、意識面と制度面の双方から、子どもをもちながら共働きできる環境を整える必要がある。これは、5章で述べたように、一九七〇年代に、アメリカや北西ヨーロッパでとられた政策である。

まず、意識面では、「男性のみが家族の収入の責任をもつべき」という意識を変える必要がある。ただ、これも、収入の高い男性が女性から「魅力的にみえる」という魅力の性差と関係しているので、男性のみならず、またそれ以上に、女性の意識を変えることが難しい。

そして、制度面では、実際に、女性が結婚して、子どもを産んでも、「無理なく」収入が得られる職に就けるという条件作りが必要である。政府もそのために、エンゼルプランを策定し、育児休業法の成立、拡充、保育園の整備、規制緩和などを進めてきた。

しかし、問題は、これらの少子化対策が、キャリアの女性を念頭においた対策であるという事実である。育児休業にしろ、保育園の規制緩和にしろ、高学歴、キャリア志向で正社員として勤めている女性が、結婚、出産し、子育てしやすい制度をつくってきたのである。キャリア女性ならば、子どもをもっても、育児休業で復帰支援を受けながら、収入が補塡されて子育てに一時的に専念できるし、延長保育などがあれば、時々残業があっても安心である。その高収入で保育サービスを買うことができるし、高収入のまま勤め続けられれば、将来の子どもの高等教育の費用負担も可能だ。

また、一旦子育てで職場を離れた主婦の再就職支援策に注目があつまっている。しかし、この場合でも、資格や能力を生かしたい高学歴主婦が、子育てをしながら「キャリア」として復帰することを念頭に置いた対策である。起業支援も同じで、よく紹介されるケースも、よほどスキルのある女性に限られる。

問題は、男性以上に、女性の就労状況に格差が生じているということである。派遣社員やアルバイトとして働いている女性には、育児休業もなければ、復帰の見込みもない。退職後の給与保障もない。再就職をしようにも、企業に望まれるほどの能力や資格がない主婦は、よい条件での再就職は望めない。低スキルの女性の夫も収入が低いケースが多いので、専業主婦のままでは人並みの生活は送れない。パートなどで働いても、それほど収入の増加は見込めない。やはり、子どもの数を絞らざるをえないのだ。そして、6章で述べたように、非正規雇用の女性、つまり、スキルを蓄積できない女性ほど結婚しにくいのは、彼女たちが結果的に夫の収入に頼らざるを得ず、高収入の夫を待つより方法はないからである。

つまり、現在行われている仕事と育児の両立支援策では、「少数の」高学歴で能力のある女性は、結婚、出産、子育てしやすい環境が整えられるが、スキルのない女性にとっては、かえって、結婚、出産、子育てがしにくい状況に放置され、現実に子どもが生まれると、困難な状況に陥る(アルバイトはできないし、夫の収入も少ない)。

逆に、格差社会が日本に上陸する前、つまり、一九九五年以前に、保育所整備や育児休業など両立支援策が十分になされていたら、日本の少子化の進行はもっと緩やかだったろう。なぜなら、当時の未婚女性の大多数は、「正社員」であったからである。しかし、未婚女性の「非正規率」が四割を超えてしまった現在、女性が「正社員」であることを前提とした両立支援策は有効ではなくなっている。

出会いの場をつくっても……

近年、未婚者が増えたことから、結婚情報サービス業が盛況になっている。また、自治体などでも、少子化対策として男女の出会いの場をつくり、サポートすることが行われている。企業や官公庁でも、社員(職員)、もしくは、社員の成人した息子や娘をターゲットにした、出会いの場をつくるサービスを行っているところもある。

しかし、このような対策を行う人は、結婚難の根本的な問題を理解していない。くり返し述べているように、それは、未婚化が「男女交際の増大」の中で起こっていて、魅力格差が存在していること、そして、たとえ、お互いが好意をもったとしても、「経済条件」が整わなければ、結婚まで踏み切らないということである。

だから、男女を集めて出会わせても、その中で魅力的な人同士のみ、経済的にマッチする人同士のみがくっつくわけで、大多数は「比較の対象」として取り残されるのだ。

もちろん、出会い事業に効果がないわけではない。しかし、魅力格差、および、若者の経済状況を放置したままでは、未婚の男女をただ会わせただけで、結婚に踏み切る人が次から次へと出てくるわけではない。

3　希望格差対策としての少子化対策

私は、日本の少子化を反転させるためには、次の四つの施策が必要かつ有効だと考えている。①全ての若者に、希望がもてる職につけ、将来にわたって安定した収入が得られる見通しを与えること。②どんな経済状況の親の元に生まれても、子どもが一定水準の教育が受けられ、大人になることを保証すること。③格差社会に対応した男女共同参画を進めること。④若者にコミュニケーション力をつける機会を提供すること。順に見ていこう。

①全若者に、希望がもてる職につけ、将来も安定収入が得られる見通しを

結婚し子どもを育てるのに十分な収入を稼ぐ見通しがないから、結婚できなかったり、産み控えが起きる。ならば、格差社会の中で、経済的見通しをもてる環境を整える必要がある。フリーターなどの非正規の職をすぐになくすことはできないし、正社員であっても収入が増加する保証はない。その対策には、現在の若者が定職につくパターンを根本的に変えることが望まれる。現在では、学卒一斉就職が一般的なので、それから漏れた若者（学卒後正社員として就職できなかった者や、高校中退者、中途退職者など）が、大きな不利を被る。ならば、一度は

非正規雇用に就いていても、三〇歳くらいになるまでには、男女とも「全員」が「雇用保障が見込める」安定した職に就くことができるというシステムを構築するべきである。それは、具体的に言えば、正社員になることを支援したり、短時間正社員という制度をつくることである。そして、失業や収入低下のリスクに対しては、社会保険システムを再構築し、一定の生活レベルを保障する制度を構築すべきである。そのようなシステムができれば、収入は高くなくとも、カップル二人の収入を合わせれば、子どもを育てながら、人並みの生活ができる収入を確保する見通しがたつのだ。

②どんな経済状況の親の元に生まれても、一定水準の教育が受けられる保証を

子どもが一人前になることに親が責任をもつのは当然のことである。しかし、親の経済状況に格差がありすぎることが、少子化をもたらす大きな要因になっている。一部の裕福な親が、現在の公教育に不満をもち、塾や家庭教師を利用したり、私立学校に行かせたりすることが一般化している。子どもの将来を思う裕福でない親が対抗するためには、子どもの数を絞るしかない。特に、日本の高等教育の費用は高く、ほとんど親負担である。この条件下で、親の収入格差が拡大したことが、夫婦あたりの子ども数の減少の大きな要因であることは間違いない。大学の学費をはじめとして教育費が高く、それを親が負担している日本と韓国で、収入の格差

拡大とともに少子化が急速に進んだことを見逃してはならない。

ならば、子どもを育てている親に対する所得保障が必要である。お稽古ごとや遊ぶ道具など、子どもに人並みの生活をさせるのにも、費用がかかる。児童手当の拡充も含め、子どもを育てる家庭に一定の所得を保障する政策が有効であろう。そして、何よりもそれ以上に、公教育(子どものための社会教育を含む)を充実させ、高等教育費の公費負担を進めれば、経済状態がよくない親でも、また、将来の収入低下の不安がある親でも、安心して、子どもを何人も産み育てることが可能になるであろう。

③格差社会に対応した男女共同参画を

そして、男女共同参画やワーク・ライフ・バランス(仕事と生活の両立が無理なくできる施策)をめざした政策を一層進めることが重要である。それも、キャリア女性だけでなく、低スキルの女性の立場を考慮した対策が必要なのだ。

では、低スキルの女性に対してどのような方策が必要か。それは、職の保障や斡旋である。北欧諸国で少子化対策が成功したのは、低スキルの女性を介護や保育などの公的職場で雇用したからである。日本でも、低スキルの女性でも働きやすい環境にあり、共働き率が高い福井県などでは、少子化に一定の歯止めがかかっている。

自分では相当の収入を稼げないから「高収入」の男性と結婚するしか将来の望みがないという低スキルの女性にも、結婚し子どもをもっても自分で働いて一定収入を稼げる見通しがつけば、結婚相手の収入にこだわらなくてすむ（もちろん、高収入男性と結婚して、専業主婦になるという選択肢を排除しているわけではない）。

低スキルの女性も含めて、職に就きたいと思う全ての若年女性に安定した職を保障し、子どもが生まれた後も、無理せず働いて家計に貢献できる就職先をつくりだし、斡旋するシステムをつくることが少子化対策には必要なのである。

④若者にコミュニケーション力をつける機会を

最後に、魅力格差への対応策を考えなくてはならない。結婚で経済条件を考慮しなくてもよくなれば、純粋に相手の性格や趣味、容姿などで相手を選ぶ時代になる。そして、その時にものをいうのが、コミュニケーション力、つまり、人とうまくやっていく能力である。たとえ、お互いがつき合い始めても、コミュニケーション力がなければ、その関係は長続きしない。

誤解があってはいけないのでここで述べるが、昔の若者にコミュニケーション力があったとは思えない。むしろ、今よりもない人が多かったと推察される。しかし、つき合うことが結婚を前提とする時代には、コミュニケーション力がなくても結婚までこぎ着け、その過程、もしくは結婚後にコミュニケーションの仕方をオン・ザ・ジョブ・トレーニングで身につけていったと考えた方がよい。現代は、つき合っても結婚しなくてよいから、つき合いを長続きさせ、結婚にこぎ着けるには、コミュニケーション力が物を言う時代になった。そして、そのコミュニケーション力には格差がある。

コミュニケーション力こそ自己責任であり、自ら身につけるべきという意見もあるだろう。しかし、家庭のコミュニケーション環境に格差があり、学校教育で身につける場がないとするならば、それを放置すべきではないと考えている。

そのために、未婚の若者のコミュニケーション力をトレーニングする機会を提供するシステムが求められているのではないか。ここで言うコミュニケーション力とは、話がうまいといったことではない。相手の欲求を把握して、自分の欲求を折り合わせる能力のことである。これは、結婚だけでなく、現在の仕事能力としても求められているものであろう。

特に、現代では、男女とも様々なライフプランをもっている。異なったライフプランをもった人同士がつき合って結婚するのなら、そのライフプランを調整しなくてはならない。その調整能力もコミュニケーション力の一要素となる。

公的な機関が男女の出会いの場を提供する事業を進めるのもよいが、自ら出会える力、そして、出会ってから長続きする力をつけるためのプログラムを公教育で行ったり、公的機関でコミュニケーション力をサポートするセミナーなどがあってもよいのではないか。

若者が希望がもてる環境を用意することが根本的な少子化対策

若年雇用対策のように、少子化対策とは無関係に行われているものもあったが、ここで示した四つの施策は、少子化対策としては、いままで、あまり取り上げられなかった施策である。そして、これは、私が、『新平等社会』の中で、格差社会への処方箋として提案した施策の、少子化版だと思ってもらってよい。つまりは、希望格差社会から新平等社会への移行によって、少子化傾向は自然と反転すると考えている。

まさに、子どもは「希望」の象徴である。若者に将来に対する希望があれば、多くは結婚し子どもを産み育てようとするだろう。「希望は努力が報われると感じるときに生じ、努力してもしなくても同じと思えば絶望が生じる」という社会心理学者ネッセの希望の定義を当てはめてみれば、結婚し子育てをするという努力が報われないという感覚が広がっていることが、少子化をもたらしていると言えるのだ。若者の希望を取り戻すためには、全ての若者に、結婚して子育てをするという努力が報われる環境を用意する必要がある。その方策が、四つのポイントとして示したものである。

この四つの施策が実現すれば、結婚や子育てを望む全ての人が、自分に合った相手をみつけ、関係を長続きさせることができる。経済的には、三〇歳位までには全員定職につけるので、それほど高収入でなくても、共働きをすれば、将来、そこそこの豊かさで生活できる見通しがたつ。子どもが生まれても、生活保障があり、公教育でお金がかからないので、収入減や失業、離婚などの心配があっても、子どもに一定以上の生活や教育を保障できるから、子どもを産むことができる。一旦子育てのために離職しても、低スキルであっても職が斡旋され、子どもを保育園に預けることができる。そのような環境になれば、日本の少子化は反転するであろう。

もちろん、学卒一斉就職といった若者が定職に就く仕組み、社会保障、そして、教育の仕組みなどの制度を大きく変えなくてはならない。それができない限り、日本の少子化傾向は止まらないだろう。

あとがき

私が、少子化について関心をもったのは、少子化の原因に関して一般的に流布している「仕事をしたいから女性は結婚しない」という説に対する素朴な疑問からであった。

一九八〇年代、女性の時代と言われ、女性の就労率が高まると同時に、未婚率が高まった。そして、キャリアウーマンと呼ばれ、ビジネス界で颯爽と活躍する独身女性が脚光を浴びた。そのような状況だけを見ていると、子育てより仕事をしたいという女性が増えたことが少子化の原因だと考えたくなる。

私は、一九九〇年に(財)家計経済研究所の青年期の親子関係調査(主査・宮本みち子・千葉大助教授。当時)に加えていただき、二〇代若者とその親を対象とした調査を行った。そこで、独身者の大部分は、一人暮らしではなく、親と同居していること、そして、親に経済的に依存しながらリッチに生活をしているという後のパラサイト・シングル論のもとになる知見を得た。それと同時に、「仕事をしたいから結婚したくない」という未婚女性はほとんど見当たらないという事実に気づいたのである。

「結婚後も仕事を続けたい」という女性もいたが、「こんな仕事、結婚して早く辞めたい」という女性も多かった。序章でも述べたように、働く未婚女性が増えたのも、「結婚したら辞めたい」と思っているが結婚できない女性が働き続けている結果ではないか、また、日本では「結婚や出産で退職する女性が多い」というのも、泣く泣く辞めたというよりも、「辞めたくて辞めた」女性が多いのではないか、と考えるようになった。

一九九〇年頃、私の友人、知人の間でも、研究所研究員が、出版社編集者が、小学校・中学校教師が、税務専門職員が、という具合に、出産後も働く環境が比較的整っている職に就いている女性が、結婚・出産で辞めていった。彼女らの夫は、一流企業エリートサラリーマンや大学教員など、比較的高収入が約束された男性だった。彼女たちの話を聞くと、「仕事に疲れた」とか、「思った通りの仕事ではない」など、いいきっかけだから辞めたというキャリアウーマンが多かったのだ。彼女たちも、子育てが一段落した現在の時点では、「あの時、辞めなければよかった」と言っているのも印象的である。

キャリアの仕事に就いている人も、結構「辞めたくて」辞める人が多いのだから、現業職、一般職に就いている人が、「仕事をしたいから結婚しない」と考えているとは思えなくなった。

次に、一九九六年に年金福祉総合研究機構の委託研究で、厚生省の協力の下に、神宮秀夫・東京学芸大学助教授（いずれも当時）に誘われて、「少子化の社会・心理的要因に関する調査研究」に加わった。これは、二〇代から三〇代前半の若者一六六名に対する、「結婚や子どもをもつこと」についての詳細なインタビュー調査(実査は学生や院生が行った)である。特に、興味をもったのが、地方在住、高卒で組み立て工場で働く若者の記録である。ある未婚女性が「専業主婦になりたいけど、そんな贅沢は無理だと思う」と答えていた。別の未婚女性は「結婚する相手によって将来楽に暮らせるか、あくせく働かなくてはならないかが決まってしまう」と答えていた。既婚女性は「家にいると仕事を辞めなければならない、仕事を辞めると生活できない」と、生活できないから「仕方なく」仕事を続けているという意識が強いのが分かった。

そして、6章で述べたように、一九九九年に、生命保険文化センターの調査に加えてもらい、フリーターの調査分析をした時に、その思いはますます強まった。

世間では、「仕事をしたいから結婚しない」「仕事をしたいのだけれど仕方なく専業主婦をしている」と思われているが、実は、「豊かな生活ができる男性と結婚すると、喜んでキャリアを捨てて主婦になる女性」や「専業主婦になりたいけれども、夫の収入が少ないので仕方なく共働きをする女性」が相当数いるのだ。

となると、「仕事をしたいから結婚や出産をしない」とは言えないのではないか。

私は、一九九六年に『結婚の社会学』を出版し、一九九七年には、厚生省の人口問題審議会で報告し、後に専門委員に加えてもらい、更に、様々な研究会等で自説を披露したが、反応は今ひとつであった。研究者、官僚、マスメディアの人たちは、面白いとは言って聞いてくれるのだが、「結婚、出産後も仕事をしたい女性」という基本線はなかなか変化しなかった。

だから、『平成一〇年版厚生白書』は、極めて奇妙なものになっている。その中で、小倉千加子氏の調査によって「新専業主婦志向」が広まっていることがきちんと書かれているのにもかかわらず、「仕事も子どもも持ちたいと思っている女性の願いを叶える」ために女性の両立条件を整えることが必要だと結論づけている。

私も、もちろん「子育てと仕事の両立支援」は正しいと考えている。その理由は、「女性が仕事をしたい」から両立を支援するというよりも(仕事をしたい女性の両立環境を整えるのはもちろんであるが)、「結婚して子育てをしながら豊かな生活を送るためには、両立せざるを得ない」からなのだ。

多分、少子化問題を研究し、議論し、報道し、対策を立てる人の大多数は、大学教授にしろ、官僚にしろ、記者にしろ、「続けたい仕事」をもっている人なのだろう。だから、地方の組み立て工場で毎日同じ作業をする女性、ファストフード店で働くフリーター女性、毎日データの打ち込みばかりの派遣社員女性、そして、昇進のない一般職女性が「仕事を続けたいから結婚しない」などとは絶対考えるはずはないということに思い至らないのであろう。女性も続けたい仕事に就けるような環境づくりをもっと問題にすべきであろう。

何度も本文で強調したが、キャリアではない仕事に従事している女性が、高収入でない男性と結婚して、そこそこ豊かな生活を送るための条件を整えることが必要である。本書で一番訴えたいことはこのことなのである。


少子化対策について、もう一つ記しておきたい。

私は、けっこう戦史ものが好きで、特に中学生、高校生の頃は、第二次世界大戦ものを読みあさっていた。太平洋戦争に関して言えば、最後には「物量」で表される総合的国力で負けたであろう。しかし、戦記を読むと、日本軍は数々の戦略的誤りを犯し、それがなければ、短期間のうちにあそこまで大きな犠牲を払うことはなかったろう、という思いがつのる。

ここで、戦争の比喩を使うのは、やや突飛な連想かもしれない。ものを成し遂げるさいの「戦略論」として見た場合、日本の少子化対策の一〇年を振り返ると、まさに太平洋戦争での日本軍の失敗を思い起こしてしまうのだ。私は、反戦平和主義者であると自分では思っているので、単なる比喩として読んでいただけたら幸いである。

戦略論的見地から見て、類似点を三点ほど、述べておきたい。

一つは、私が雑誌にも書いたことがあるが、「ガダルカナル」の教訓というものである。日本軍は、敵を見くびり、戦略上重要地点なのにもかかわらず、「戦力」を逐次投入するという大失敗を犯した。アメリカ軍が準備して待っているところに、少数の兵力で突撃し、全滅する。そして、それを懲りずに何度もくり返す。戦闘艦もけちって一部で間に合わそうとする。一方、アメリカ軍は、ここが戦略上重要だと見ると、全力を集中させる。現場はいくら奮闘しても、日本軍は結局は各個撃破され、そうしているうちに、アメリカ軍の兵力が上回り、もう勝てる状況ではなくなっていたというものである。

日本の少子化対策は、まさに、この戦力を逐次投入するも、効果が上がらないうちに、情勢が悪化するという過程をたどったのではないかと思ってしまう。確かに、エンゼルプラン策定(一九九四年)など、ここ一〇年、政府は少子化対策を行ってきた。しかし、その予算規模たるや、高齢者の社会保障費や道路、港湾などの予算に比べれば、はっきりいって微々たるものであった。現在月五〇〇〇円しかない児童手当(第一子、二子)を引き上げようとしても反対が起こるぐらいである(結局、二〇〇七年度より三歳未満は月一万円となった)。政策の意気込みは、「予算」によって示される。いくら少子化対策は重要だと叫んでも、小規模で予算が伴わないものならば、現場がいくら奮闘しても、効果が伴わないのは当然である。

二つ目に、戦艦大和の教訓もある。日本軍の革新派は、今後戦闘の中心は航空戦にありとみて、大鑑巨砲主義から航空戦力への転換を主張した。しかし、主流派は、方針転換をせずに、微修正ですまそうとした。結局は戦艦大和などを造り続け、戦略は中途半端なものとなり、資源や頭脳を浪費してしまった。アメリカが、真珠湾後、転換が必要だと考えると、それこそ大量の空母と航空機を造り、あっという間に戦力でも戦略でも優位に立ったのとは大違いである。

少子化対策も同様ではないか。足下では、経済社会情勢の変化が生じている。「男性一人の収入では豊かな生活が送れない」という現実が広まりつつある。しかし、様々な予算は、既得権のため、大胆な再編成ができず、今まで通りの施策を微修正して行っているにすぎない（小泉内閣の成立で少しは変わったが）。アメリカや一部のヨーロッパ諸国が、少子化が始まったらすぐ、「男性一人が妻子を養う」というモデルから「共働きで豊かな生活」というモデルに、大胆に転換して成功したのとは、雲泥の差である。

三つ目の日本軍の失敗は、「精神論」が振りかざされ、現実的な対応がなされなかったことである。特に、上層部が、「負けると思うから負ける」「都合が悪い情報は出さない」という方針を貫き、現実の状況を分析することを怠り、兵器、技術開発や戦術の革新が遅れ、特に、敵軍の情報収集の欠如など、現実的対応ができなったことが、敗戦を早め犠牲を大きくした。

少子化対策に限らないが、最近、「若者の精神がたるんでいる」から問題が起こるという意見が見られるようになった。特に、少子化対策にとって重要な要素である「就職」問題に関しても、「頑張れば就職できる」「若者に意欲をもつような教育を」という意見もよく耳にする。

しかし、現実に正社員の椅子の数が足りないことを棚に上げて、正社員になれと言っても、問題は解決しない。現実の兵力が足りず兵器が進歩していないのに、負けるのは現場の精神力が足りないせいだと言われているようなものである。

結婚や出産に関しても、「若者に結婚や子どものよさを宣伝しよう」という意見もある。本書でも何度も述べたが、結婚や出産したくてもできないような経済環境に若者を放置していることが問題なのであって、そのような状況でいくら精神論を振りかざしても何も問題は解決しないのだ。

「戦力の逐次投入はしてはいけない」「状況に応じた大胆な方針転換が必要である」「精神論で問題は解決しない」という敗戦の教訓を生かすことはできないのだろうか。

本書の執筆後、二〇〇六年に生まれた子どもの数が前年を上回り、合計特殊出生率も一・三に回復するのではないかとの速報値が出た。私は、この要因について、二〇〇四年に景気が多少回復して正社員が増えたこと、それから、育児休業法が改正され、正社員女性が出産しやすい環境が整ってきたことと解釈している。単に景気の回復や正社員女性の出産に期待するのではなく、構造的に、若者が結婚し、子どもを育てやすい環境をつくり続けていくことが今後も必要であることは言うまでもない。

本書の執筆に関しても、多くの方のお世話になった。特に、一〇年前、厚生省人口問題審議会専門委員以来、政府・自治体・財団法人等の審議会や研究会に加えていただき、調査を行ったり、様々な識者の知見や、最新のデータをいただけたことが、研究推進にとって極めて有用であった。

本学大学院卒業生の吉森福子さん、大学院生の加藤浩平さん、名智栄衣子さん、学生の立石純一朗さんには、図表や文献目録作成を手伝っていただいた。

そして、本書の執筆をもちかけていただいた岩波書店の小田野耕明さんには、遅筆の私をはげましていただき、なんとか、完成にまでこぎ着けることができた。

紙面を借りてみなさまに感謝の意を表したい。

二〇〇七年三月

山田昌弘

参考文献一覧（訳書の出版年は、原著＝訳書の順）

赤川学『子どもが減って何が悪いか！』ちくま新書、二〇〇四年
浅野智彦編『検証・若者の変貌――失われた一〇年の後に』勁草書房、二〇〇六年
阿藤誠編『先進諸国の人口問題――少子化と家族政策』東京大学出版会、一九九六年
阿藤誠『現代人口学――少子高齢社会の基礎知識』日本評論社、二〇〇〇年
伊藤達也『生活の中の人口学』古今書院、一九九四年
岩澤美帆「一九九〇年代における女子のパートナーシップの研究　婚姻同居型から非婚非同居型へ」『人口問題研究』五五―二、一九九九年
岩澤美帆「人口学から見た少子化」『家族研究年報』三一号、二〇〇六年
岩田正美・西澤晃彦編著『貧困と社会的排除――福祉社会を蝕むもの』ミネルヴァ書房、二〇〇五年
B・エーレンライク（曽田和子訳）『ニッケル・アンド・ダイムド――アメリカ下流社会の現実』東洋経済新報社、二〇〇六年
G・エスピン－アンデルセン（渡辺雅男・渡辺景子訳）『ポスト工業経済の社会的基礎――市場・福祉国家・家族の政治経済学』桜井書店、一九九九＝二〇〇〇年
G. Esping-Andersen, "Inequality of incomes and opportunities", in A. Giddens & P. Diamond eds., *The*

New Egalitarianism, 2005（G・エスピン－アンデルセン「収入と機会の不平等」未邦訳）
大石亜希子「所得格差の動向とその要因」財務省財務総合研究所編『我が国の経済格差の実態とその政策対応に関する研究会』報告書、二〇〇六年
大久保幸夫・畑谷圭子・大宮冬洋『三〇代未婚男』生活人新書、二〇〇六年
大竹文雄『日本の不平等――格差社会の幻想と未来』日本経済新聞社、二〇〇五年
大橋照枝『未婚化の社会学』NHKブックス、一九九三年
大淵寛『少子化時代の日本経済』NHKブックス、一九九七年
沖藤典子『娘が「できちゃった婚」したとき』主婦と生活社、二〇〇二年
落合恵美子『二一世紀家族へ――家族の戦後体制の見かた・超えかた』有斐閣、一九九四年
落合恵美子『近代家族の曲がり角』角川書店、二〇〇〇年
加藤彰彦「配偶者選択と結婚」渡辺秀樹・稲葉昭英・嶋崎尚子編『現代家族の構造と変容――全国家族調査による計量分析』東京大学出版会、二〇〇四年
門倉貴史『ワーキングプア――いくら働いても報われない時代が来る』宝島新書、二〇〇六年
金子隆一『将来人口推計の手法と仮定に関する総合的研究』国立社会保障・人口問題研究所、二〇〇五年
A・ギデンズ（松尾精文・松川昭子訳）『親密性の変容』而立書房、一九九二＝一九九五年
A・ギデンズ（秋吉美都・安藤太郎・筒井淳也訳）『モダニティと自己アイデンティティ――後期近代における自己と社会』ハーベスト社、一九九一＝二〇〇五年
Anthony Giddens & Patrick Diamond eds., *The New Egalitarianism*, Polity Press, 2005（A・ギデンズ、

P・ダイアモンド編『新平等主義』未邦訳)
経済企画庁編『平成四年版　国民生活白書』大蔵省印刷局、一九九四年
E・ベック‐ゲルンスハイム(香川檀訳)『出生率はなぜ下がったか――ドイツの場合』勁草書房、一九九二年
厚生省『平成一〇年度版厚生白書　少子社会を考える』一九九八年
厚生労働省大臣官房統計情報部『平成一七年　人口動態統計月報年計(概数)の概況』二〇〇五年
厚生労働省大臣官房統計情報部『平成一七年　人口動態統計(確定数)の概況』二〇〇五年
厚生労働省大臣官房統計情報部『平成一八年度「婚姻に関する統計」の概況』二〇〇六年
国立社会保障・人口問題研究所『第一一回出生動向基本調査　第Ⅱ報告書　独身青年層の結婚観と子ども観』一九九九年
国立社会保障・人口問題研究所『第一二回出生動向基本調査　第Ⅱ報告書　わが国の独身層の結婚観と家族観』二〇〇二年
国立社会保障・人口問題研究所『第一三回出生動向基本調査　夫婦調査の結果概要』二〇〇五年
国立社会保障・人口問題研究所『第一三回出生動向基本調査　独身者調査の結果概要』二〇〇五年
国立社会保障・人口問題研究所『日本の将来推計人口(平成一四年一月推計)』二〇〇二年
国立社会保障・人口問題研究所『日本の将来推計人口(平成一八年一二月推計)』二〇〇六年
国連人口基金『世界人口白書二〇〇六』二〇〇六年
小谷野敦『もてない男――恋愛論を超えて』ちくま新書、一九九九年

斉藤環・酒井順子『「性愛」格差論――萌えとモテの間で』中公新書ラクレ、二〇〇六年
佐藤俊樹『不平等社会日本――さよなら総中流』中公新書、二〇〇〇年
D・K・シプラー(森岡孝二・川人博・肥田美佐子訳)『ワーキング・プア――アメリカの下層社会』岩波書店、二〇〇七年
島田晴雄・渥美由喜『少子化克服への最終処方箋』ダイヤモンド社、二〇〇七年
社会保障審議会人口部会編『将来人口推計の視点』ぎょうせい、二〇〇二年
少子化の社会・心理的要因に関する調査研究会『少子化の社会・心理的要因に関する調査研究報告書』年金福祉総合研究機構委託事業報告書、一九九七年
白波瀬佐和子『少子高齢社会のみえない格差――ジェンダー・世代・階層のゆくえ』東京大学出版会、二〇〇五年
城繁幸『若者はなぜ三年で仕事をやめるのか?――年功序列が奪う日本の未来』光文社新書、二〇〇六年
清家篤『生涯現役社会の条件――働く自由と引退の自由と』中公新書、一九九八年
総務省統計局『平成一七年国勢調査(第一次基本集計結果)』二〇〇六年
袖川芳之・花島ゆかり・森住昌弘『団塊と団塊ジュニアの家族学』電通、二〇〇五年
西文彦・菅まり「無就業無就学の若者の最近の状況その四」『統計』二〇〇六年五月号、財団法人日本統計協会
西文彦・菅まり「親と同居の若年未婚者の状況その五」『統計』二〇〇七年二月号、財団法人日本統計協会

竹下修子『国際結婚の諸相』学文社、二〇〇四年
橘木俊詔『格差社会──何が問題なのか』岩波新書、二〇〇六
橘木俊詔『日本の経済格差』岩波新書、一九九八年
S・タノック（大石徹訳）『使い捨てられる若者たち──アメリカのフリーターと学生アルバイト』岩波書店、二〇〇六年
独立行政法人国立女性教育会館『男女共同参画　統計データブック二〇〇六』ぎょうせい、二〇〇六年
内閣府政策統括官『少子化社会に関する国際意識調査　報告書』二〇〇六年
内閣府編『平成一七年版　少子化社会白書』二〇〇五年
内閣府編『平成一三年度国民生活白書　家族の暮らしと構造改革』二〇〇一年
内閣府編『平成一五年度国民生活白書　デフレと生活、若年フリーターの今』二〇〇三年
内閣府編『平成一七年度国民生活白書　子育て世代の意識と生活』二〇〇五年
永田夏来「夫婦関係に見る結婚の意味づけ」『年報社会学論集』一五号、関東社会学会、二〇〇二年
日本性教育協会『第五〇回　日本＝性研究会議』配付資料、二〇〇六年
日本青少年研究所『高校生の友人関係と生活意識』報告書、二〇〇六年
Randolph Nesse, "The evolution of hope and despair", *Social Research*, 1999, summer.（R・ネッセ「希望と絶望の発展」未邦訳）
Z・バウマン（森田典正訳）『リキッド・モダニティ──液状化する社会』大月書店、二〇〇〇＝二〇〇一年

Zygmunt Bauman, *Wasted Lives: Modernity and Its Outcasts*, Polity Press, 2003（Z・バウマン『使い捨て人生』未邦訳）
萩原久美子『迷走する両立支援』太郎次郎社エディタス、二〇〇六年
R・D・パットナム（柴内康文訳）『孤独なボウリング――米国コミュニティの崩壊と再生』柏書房、二〇〇〇＝二〇〇六年
原田泰『人口減少の経済学――少子高齢化がニッポンを救う！』PHP研究所、二〇〇一年
原田泰・鈴木準『人口減少社会は怖くない』日本評論社、二〇〇五年
樋口美雄・岩田正美編著『パネルデータからみた現代女性』東洋経済新報社、一九九九年
樋口美雄・財務省財務総合政策研究所編著『少子化と日本の経済社会』日本評論社、二〇〇六年
樋口美雄・財務省財務総合政策研究所編著『日本の所得格差と社会階層』日本評論社、二〇〇三年
Ulrich Beck & Elisabeth Beck-Gernsheim, *Individualization: Institutionalized Individualism and Its Social and Political Consequences*, Sage Publications, 2002（U・ベック、E・ベック－ゲルンスハイム『個人化』未邦訳）
Arlie Hochschild, *The Time Bind: When Work Becomes Home and Home Becomes Work*, Owl Books, 1997（A・ホックシールド『時間の拘束』未邦訳）
本田由紀『若者と仕事――「学校経由の就職」を超えて』東京大学出版会、二〇〇五年
本田由紀編『女性の就業と親子関係――母親たちの階層戦略』勁草書房、二〇〇四年
毎日新聞社人口問題調査会編『人口減少社会の未来学』論創社、二〇〇五年

毎日新聞社人口問題調査会編『超少子化時代の家族意識』毎日新聞社、二〇〇五年
前田正子『子育てしやすい社会』ミネルヴァ書房、二〇〇四年
松谷明彦『「人口減少経済」の新しい公式』日本経済新聞社、二〇〇四年
真鍋倫子「既婚女性の就労と世帯所得間格差のゆくえ」本田由紀編『女性の就業と親子関係――母親たちの階層戦略』勁草書房、二〇〇四年
三浦展『下流社会――新たな階層集団の出現』光文社新書、二〇〇五年
三浦展『難民世代――団塊ジュニア下流化白書』生活人新書、二〇〇六年
宮本みち子『若者が「社会的弱者」に転落する』洋泉社新書、二〇〇二年
宮本みち子『ポスト青年期と親子戦略』勁草書房、二〇〇四年
宮本みち子・岩上真珠・山田昌弘『未婚化社会の親子関係』有斐閣、一九九七年
藻谷浩介「生き残る町、消える町」『中央公論』二〇〇六年、六月号
八代尚宏『結婚の経済学――結婚とは人生における最大の投資』二見書房、一九九三年
山田昌弘『近代家族のゆくえ』新曜社、一九九四年
山田昌弘『結婚の社会学』丸善ライブラリー、一九九六年
山田昌弘『パラサイトシングルのゆくえ』ちくま新書、一九九九年
山田昌弘『パラサイト社会のゆくえ』ちくま新書、二〇〇四年
山田昌弘『希望格差社会』筑摩書房、二〇〇四年
山田昌弘『家族ペット』サンマーク出版、二〇〇四年

山田昌弘『迷走する家族』有斐閣、二〇〇五年
山田昌弘『新平等社会』文藝春秋、二〇〇五年
山田昌弘編『若者の将来設計における「子育てリスク」意識の研究』厚生労働省科学研究費報告書、二〇〇四年
山田昌弘編『離婚急増社会における夫婦関係の実証研究』学術振興会科学研究費報告書、二〇〇六年
R・ライシュ（清家篤訳）『勝者の代償――ニューエコノミーの深淵と未来』東洋経済新報社、二〇〇二年
連合総合開発研究所『少子化における勤労者の仕事観・家族観に関する調査研究報告書』二〇〇一年
若林敬子「近年にみる東アジアの少子高齢化」『アジア研究』第五二巻二号、二〇〇六年
和田秀樹『「新中流」の誕生――ポスト階層分化社会を探る』中公新書ラクレ、二〇〇六年

山田昌弘
1957年東京都生まれ
東京大学大学院社会学研究科博士課程単位取得退学
現在—東京学芸大学教育学部教授
専攻—家族社会学・感情社会学
著書—『近代家族のゆくえ』
『家族のリストラクチュアリング』
(以上，新曜社)
『結婚の社会学』(丸善ライブラリー)
『パラサイト・シングルの時代』
『パラサイト社会のゆくえ』(以上，ちくま新書)
『希望格差社会』(ちくま文庫)
『家族というリスク』(勁草書房)
『迷走する家族』(有斐閣)
『家族ペット』(サンマーク出版)
『新平等社会』(文藝春秋) ほか

少子社会日本
—もうひとつの格差のゆくえ　岩波新書(新赤版)1070

2007年4月20日　第1刷発行
2008年5月15日　第5刷発行

著　者　山田《やまだ》昌弘《まさひろ》

発行者　山口昭男

発行所　株式会社 岩波書店
〒101-8002 東京都千代田区一ツ橋2-5-5
案内 03-5210-4000　販売部 03-5210-4111
http://www.iwanami.co.jp/

新書編集部 03-5210-4054
http://www.iwanamishinsho.com/

印刷・理想社　カバー・半七印刷　製本・中永製本

ISBN 978-4-00-431070-9　Printed in Japan

岩波新書新赤版一〇〇〇点に際して

ひとつの時代が終わったと言われて久しい。だが、その先にいかなる時代を展望するのか、私たちはその輪郭すら描きえていない。二〇世紀から持ち越した課題の多くは、未だ解決の緒を見つけることのできないままであり、二一世紀が新たに招きよせた問題も少なくない。グローバル資本主義の浸透、憎悪の連鎖、暴力の応酬――世界は混沌として深い不安の只中にある。

現代社会においては変化が常態となり、速さと新しさに絶対的な価値が与えられた。消費社会の深化と情報技術の革命は、種々の境界を無くし、人々の生活やコミュニケーションの様式を根底から変容させてきた。ライフスタイルは多様化し、一面では個人の生き方をそれぞれが選びとる時代が始まっている。同時に、新たな格差が生まれ、様々な次元での亀裂や分断が深まっている。社会や歴史に対する意識が揺らぎ、普遍的な理念に対する根本的な懐疑や、現実を変えることへの無力感がひそかに根を張りつつある。そして生きることに誰もが困難を覚える時代が到来している。

しかし、日常生活のそれぞれの場で、自由と民主主義を獲得し実践することを通じて、私たち自身がそうした閉塞を乗り超え、希望の時代の幕開けを告げてゆくことは不可能ではあるまい。そのために、いま求められていること――それは、個と個の間で開かれた対話を積み重ねながら、人間らしく生きることの条件について一人ひとりが粘り強く思考することではないか。その営みの糧となるものが、教養に外ならないと私たちは考える。歴史とは何か、よく生きるとはいかなることか、世界そして人間はどこへ向かうべきなのか――こうした根源的な問いとの格闘が、文化と知の厚みを作り出し、個人と社会を支える基盤としての教養となった。まさにそのような教養への道案内こそ、岩波新書が創刊以来、追求してきたことである。

岩波新書は、日中戦争下の一九三八年一一月に赤版として創刊された。創刊の辞は、道義の精神に則らない日本の行動を憂慮し、批判的精神と良心的行動の欠如を戒めつつ、現代人の現代的教養を刊行の目的とする、と謳っている。以後、青版、黄版、新赤版と装いを改めながら、合計二五〇〇点余りを世に問うてきた。そして、いままた新赤版が一〇〇〇点を迎えたのを機に、人間の理性と良心への信頼を再確認し、それに裏打ちされた文化を培っていく決意を込めて、新しい装丁のもとに再出発したいと思う。一冊一冊から吹き出す新風が一人でも多くの読者の許に届くこと、そして希望ある時代への想像力を豊かにかき立てることを切に願う。

（二〇〇六年四月）